▶ 北京市社科基金"十一五"规划项目（项目编号：10BeJG381）

中共北京市委党校、北京行政学院学术文库系列丛书

统筹协调

地方政府经济调节与国家宏观调控

TONGCHOU XIETIAO

DIFANG ZHENGFU JINGJI TIAOJIE YU
GUOJIA HONGGUAN TIAOKONG

张 勇 / 著

知识产权出版社

全国百佳图书出版单位

图书在版编目（CIP）数据

统筹协调 地方政府经济调节与国家宏观调控/张勇著. —北京：知识产权出版社，2015.2

ISBN 978 - 7 - 5130 - 3211 - 7

Ⅰ.①统… Ⅱ.①张… Ⅲ.①地方政府—影响—宏观经济调控—协调发展—研究—中国 Ⅳ.①F123.16

中国版本图书馆 CIP 数据核字（2014）第 283400 号

责任编辑：江宜玲　　　　　　　　责任校对：谷　洋

封面设计：张　冀　　　　　　　　责任出版：刘译文

统筹协调 地方政府经济调节与国家宏观调控

张　勇◎著

出版发行：	知识产权出版社有限责任公司	网　　址：	http：//www.ipph.cn
社　　址：	北京市海淀区马甸南村1号	邮　　编：	100088
责编电话：	010－82000860 转 8339	责编邮箱：	jiangyiling@cnipr.com
发行电话：	010－82000860 转 8101/8102	发行传真：	010－82000893/82005070/82000270
印　　刷：	北京科信印刷有限公司	经　　销：	各大网上书店、新华书店及相关专业书店
开　　本：	787mm×1092mm　1/16	印　　张：	9.75
版　　次：	2015 年 2 月第 1 版	印　　次：	2015 年 2 月第 1 次印刷
字　　数：	162 千字	定　　价：	38.00 元

ISBN 978-7-5130-3211-7

目　录

导　论

一、问题的提出

在中国的文明史中，中央与地方的关系始终是中国社会发展的核心问题。中国古典名著《三国演义》开篇即称："天下大势，分久必合，合久必分。"更有学者将中央地方关系问题称为"穿越历史的戈尔迪之结"。● 新中国成立后，中国继续面临中央地方关系问题的困扰，因此有了毛泽东在《论十大关系》中对中央地方关系的强调。改革开放以来，中国经济从传统计划经济向社会主义市场经济转型，中央地方关系依然是中国无法绕开的重大问题。这主要表现在两个基点上：其一，就经济体制改革而言，它影响市场经济体系的完整与否；其二，就政治体制改革而言，它影响地方和基层组织积极性的发挥，甚至影响国家的统一和社会的稳定。特别是在传统计划经济体制下，中央政府高度集权，生产的种类和产量都由中央政府计划决定，全国执行统一的计划；地方政府只是中央计划的被动执行者，统收统支的财政体制使得地方的自主利益也很小。而市场经济的核心精神在于分权和竞争，因此改革开放后建立和完善社会主义市场经济体制的过程事实上是一个"放权让利"的过程。这种放权让利既包括政府对民间经济主体的放权让利，也包括中央政府对地方政府的放权让利。随着改革开放进程的逐渐深入，地方政府被赋予了一定的财权和管理、调节地方或区域经济的权力和职责，极大地调动了其发展经济的积极性，

● 辛向阳. 大国诸侯——中国中央与地方关系之结［M］. 北京：中国社会出版社，2008：8.

地方政府成为经济发展的重要推动力。于是，在国家针对市场经济实施宏观调控的过程中，作为颇具中国特色的国民经济管理行为，宏观调控的出现和发展带来了中央地方关系治理的新现象和新问题，地方政府的经济调节行为与国家宏观调控成了中央地方关系矛盾框架中的新内容。

一个值得关注的事实是，自1978年以来，中国的国民经济发展进程经历了七轮宏观调控。尽管调控的成效由于受到具体时代和具体情况的条件制约而有得有失，但在理论界的探讨中，很多人将宏观调控不得力的原因归因于地方政府，认为是地方政府缺乏"大局观念"，对中央政府的政策不积极配合，甚至逆向行动，导致宏观经济调控政策效果不理想。特别是在2003年的那一轮宏观调控中，地方政府更是成为众矢之的。许多人倾向于认为，地方政府的投资冲动不但是造成本轮经济过热的主要原因，而且地方政府对宏观调控的抵制和博弈是导致宏观调控效果不佳的根本原因。基于这样的认识，理论界甚至形成了地方博弈中央的研究模型，将宏观调控进程中中央政府的宏观调控与地方政府的经济调节置于对立的地位。

但是，宏观调控是一个集决策、执行、监督、反馈等多个环节，涉及多元化利益主体的复杂过程，我们不能简单地用"大局观念"等模糊概念来处理中央政府与地方政府在宏观调控领域的"博弈"。我们必须谨慎地对待以下问题：在宏观调控中，中央政府和地方政府只有对立关系而无分工合作关系吗？地方政府对宏观调控的态度只有抵制或者博弈而没有积极响应吗？到底是谁在抵制宏观调控政策？如果地方政府的行为影响了宏观调控的效果，那么地方政府为什么要抵制和博弈乃至扭曲宏观调控政策？我们如何在宏观调控中合理地处理中央与地方的关系，实现地方政府经济调节和国家宏观调控的统筹协调？显然，这些已成为理解中国宏观调控并进而提高宏观调控效果的敏感而重大的问题，具有很强的理论和政策含义。

尝试对上述问题进行探讨和解答，是本书的主要内容。本书将在现有研究的基础上，对宏观调控中的中央和地方博弈与分工现象进行探讨和研究。课题组相信，这方面的探讨对于中国特色宏观调控理论体系的建构是非常必要的，也有利于为中国未来的宏观调控实践提供可操作的行为准则和行动方案。

二、相关研究述评

改革开放后，理论界一直很关注地方政府理解和执行中央政府经济管理决策的行为动机和效果，而理论界对宏观调控中地方与中央博弈行为关注度的大幅提高始于 2003 年。2003 年开始的这一轮宏观调控是社会主义市场经济体制基本建立后，❶ 中国第一次在比较全面的市场经济基础上展开的一轮宏观调控。在这一轮宏观调控中，出现了所谓的宏观调控的周期和反周期力量，宏观调控政策受到了地方政府的抵制。伴随着这一轮宏观调控过程中出现的较为明显的中央地方博弈现象，理论界注意到地方政府行为对宏观经济稳定运行具有重要影响，注意到合理处理宏观调控中的中央和地方关系具有重要的意义，并有一些研究者关注地方政府与中央政府在宏观调控中的博弈现象，并对地方政府持批评的态度。欧阳日辉（2008）认为，自 1994 年分税制改革以后，中央政府与地方政府在宏观调控领域的博弈已经成为一种客观的经济现象。❷ 齐建国（2007）认为，2005～2006 年的宏观调控政策没有充分落实，地方政府对中央政府的决策响应度不高，甚至逆向行动，是宏观经济调控政策效果不理想的重要原因。❸ 崔建周（2007）观察到，随着市场化转型的深入，中央与地方关系出现了一些新动向，地方政府开始策略性地对待宏观调控：有的地方政府隐性规避宏观调控；有的公开与中央政府"抗衡"；有的预期中央的政策导向，提前行动。❹ 武少俊（2004）认为，2003 年以来的经济过热源于地方政府主导下固定资产投资的膨胀，一方面地方政府的投资规模扩大很快；另一方面地方政府不择手段招商引资，积极支持地方企业加快发展。❺

博弈现象引起了研究者对宏观调控中的中央政府和地方政府的权利、责任

---

❶　中共十六届三中全会文件《关于进一步完善社会主义市场经济体制若干问题的决议》以官方的名义确认了中国社会主义市场经济体制已经初步建立。

❷　欧阳日辉．宏观调控中的中央和地方关系［M］．北京：中国财政经济出版社，2008：6．

❸　齐建国．2005～2006 年宏观经济调控政策分析——兼对中央政府和地方政府关系的思考［J］．学习与探索，2007（1）：126～130．

❹　崔建周．加强宏观调控　抑制地方保护主义［J］．理论探索，2007（5）：30～35．

❺　武少俊．2003～2004 年宏观调控：地方与中央的博弈［J］．金融研究，2004（9）：51～56．

和义务关系的关注。部分研究者明确强调宏观调控权集中于中央的观点。例如，刘瑞（2006）认为，中央政府是宏观调控的主体，地方政府是宏观调控的客体。❶ 当然，多数研究者默认了实施宏观调控是中央政府的权利和职责。比如，"博弈论者"的观点中字里行间都渗透着宏观调控是中央政府有政策、地方政府有对策的意味。

在批评的同时，也有部分研究者将目光聚焦在中央地方呈现博弈状态的原因分析上。金太军认为，改革开放后的中央与地方关系逐渐向行政性分权和经济性分权相结合的方向发展，调动了地方政府的积极性和创造性，对全国和地方经济的增长起到了重要的作用；但在经济性分权的同时没有解决好权力约束的缺陷，滋生了地方政府"寻租"行为。因而，一方面解决了问题，另一方面又带来了问题。❷ 周天勇等人认为，包括宏观调控在内的各级地方政府行为错乱的根源是中央与地方关系存在事务混乱、职责不清、上下错位、机构从上到下复制等问题。❸ 张永生从纵向财政不平衡的角度提出：由于上级政府同时控制着下级政府的人事任免和财政收入，就会出现上级政府侵犯下级政府利益的情况，即将支出责任尽量推给下级政府，导致基层政府出现事权过大、财权不足的情况；引发了基层政府为了缓解经费压力，追求高 GDP 增长和政绩工程，甚至以各种形式变相举债的行为。❹ 辛向阳认为分权化改革与市场经济的发展增强了地方与中央的博弈能力。他认为：中央政府与地方政府效用函数并不完全一致，地方政府有实现独立利益最大化的冲动，且独立化程度越高，权威扩散的可能性就越大，其直接后果便是弱化了中央政府的权威；中央政府权威的弱化带来的连锁反应是等级制的松动，即中央与地方由传统的单向依赖的等级规则，演变为双向依存的委托—代理关系；地方政府会充分利用自己的"代理资源"与中央政府讨价还价，诱使其作出对自己有利的制度安排，或者利用中央政府的授权，在满足自身利益最大化的限度内，理解和贯彻上级要求

❶ 刘瑞. 宏观调控的定位、依据、主客体关系及法理基础 [J]. 经济理论与经济管理，2006 (5)：17～23.

❷ 金太军. 中央与地方政府关系建构与调谐 [M]. 广州：广东人民出版社，2005.

❸ 周天勇，等. "十一五"及今后一个时期调整和理顺中央与地方关系的改革思路 [J]. 经济研究参考，2007 (15)：17～28.

❹ 张永生. 政府间事权与财权如何划分 [J]. 经济社会体制比较，2008 (2)：71～75.

实施的制度规则；在这种利益多元化的情况下，地方为了本地的利益经常会对中央政策贯彻不力或是在执行上大打折扣。❶

值得注意的是，在 20 世纪 90 年代初期，曾经有研究者提出了宏观调控应该分为中央和省级双层调控的观点。他们认为，中国面积大、人口众多，且区域发展不平衡，国情决定了有必要实行中央政府和地方政府分级调控的二级宏观调控体制。在这方面比较典型的文献有：《省级宏观调控初探》（高勇❷，1993），《省级宏观调控的概念、对象、原则和特征》（郑生权❸，1992）等。随着地方保护主义等现象的出现和发展，这种呼声逐渐式微。宏观调控权集中于中央的观点逐渐成为共识。仅有少数学者还在研究中提及地方的宏观调控，例如杨庆育在 2005 年出版的专著《省级宏观调控：新视角、新思路》中仍然在探讨省级宏观调控问题。❹

上述文献为我们考察宏观调控中的中央地方关系提供了良好的基础和许多可供借鉴的观点，但是透过上述文献，我们也能发现一些仍然值得探讨的问题。

（1）大多数关于宏观调控中中央和地方博弈的研究文献有单纯批评地方政府的倾向，很多文献都是基于一个隐含假设进行分析：中央是正确的，地方是错误的，或者用其他的表述——地方在对抗中央的宏观调控政策。这种逻辑合理吗？如果错误在地方，那么是什么因素导致错误的发生呢？宏观调控是宪法确定的政府主要职能之一。在我国宪政体制内，政府体系由中央政府和地方政府共同组成，他们应该共同履行宪法赋予的职责，是什么因素制约了他们的合作与分工，导致了宏观调控效果的不理想？

（2）从目前的文献看，批评的多而有针对性的对策建议较少。

（3）探讨宏观调控中的中央和地方博弈，进而探讨两者的统筹协调。在阅读相关文献时我们不无遗憾地发现，尽管宏观调控是一个理论界广泛应用的概念，但是目前理论界关于宏观调控的认知和界定仍然未能达成共识。多数研究者或者未加界定即直接使用宏观调控的概念，或者简单地将宏观调控等同于

❶　辛向阳 . 十六大以来中央与地方关系的"三个新"：新变化、新问题与新对策［EB/OL］. 人民网 . http：//theory. people. com. cn/GB/49150/49152/4424371. html.

❷　高勇 . 省级宏观调控初探［J］. 经济学家，1993（1）：87 - 91.

❸　郑生权 . 省级宏观调控的概念、对象、原则和特征［J］. 经济问题探索，1992（3）：23 ~ 26.

❹　杨庆育 . 省级宏观调控：新视角、新思路［M］. 重庆：重庆大学出版社，2005.

政府干预。也许正是宏观调控概念的不明确，使得我们无法全面认识宏观调控中的中央地方关系。

上述三个问题的存在，说明无论是地方政府经济调节与国家宏观调控的统筹协调问题，还是宏观调控本身，都是已经初步建立但仍在完善中的社会主义市场经济体制中出现的问题，都需要加以全面考察。这使得本书具有了一定的研究空间和研究价值。

三、研究方法和主要概念界定

(一) 研究方法

在研究方法上，本书强调亚当·斯密和马克思所坚持的社会历史和经济制度的研究框架。因为，只有在社会历史和经济制度的框架内，才能真正做到规范分析与实证分析相结合，真正做到历史和逻辑相统一。

作为社会科学的一个领域，经济学在社会历史和经济制度的研究框架中进行研究是应有之义，经济学家应具有历史研究的视野。笔者非常赞同姚洋在《读书》2006年第12期的《经济学的科学主义谬误》一文中提出的观点：经济学家们要调整心态，意识到经济学是和历史学无异的学问。历史学复原和解释大尺度的历史，经济学复原和解释短期发生的历史。经济学和历史学的差别在于，经济学考察小尺度的历史，而历史学考察大尺度的历史。经济学在本质上就不是科学，而是历史学的一种。[1] 亚当·斯密和马克思是坚持社会历史和经济制度研究框架的巨匠。亚当·斯密在《国民财富的性质和原因的研究》（以下简称《国富论》）中，重视研究社会关系和实际问题并倾向于历史、社会、制度的比较分析。马克思在《资本论》中，始终贯穿着整个资本主义生产、交换、分配、积累、周期和危机等一系列问题，所有的分析都是围绕着特定的资本主义制度及其社会关系展开的。正如马克思在《资本论》开篇所说，"我要在本书研究的，是资本主义生产方式以及和它相应的生产关系和交换关

---

[1] 姚洋. 经济学的科学主义谬误 [J]. 读书, 2006 (12).

系。"❶ 也正因为高度反映了社会历史和社会现实,《国富论》和《资本论》才成为影响世界发展进程的巨著,直到今天仍然对社会经济生活的现象有强大的解释力。因此,只有在研究方法上坚持亚当·斯密和马克思所坚持的社会历史和经济制度的研究框架,才能真正立足于中国的现实基础去思考问题,也才能取得有效有益的研究成果。

(二) 主要概念界定

在明确研究方法的基础上,概念界定对社会科学研究而言是下一个重要的逻辑节点。作为"人们在认识过程中,把所感觉到的事物的共同特点抽出来,加以概括"而形成的一种认识,概念是"思维的基本形式之一,反映客观事物的一般的本质的特征",❷ 是人们认识事物的基础要素。没有客观准确的概念和概念体系,不能建立科学的理论体系,更谈不上指导实践活动。本书首先要给予界定的基本概念有地方政府、地方政府经济调节以及宏观调控,其他有关概念将在分析中随时给予界定。需要强调的是,概念界定,同样要在社会历史和经济制度的研究框架内才有实质意义。与自然科学不同,社会科学的学术概念要立足于一定的社会历史和经济制度基础上的社会存在才能做到普遍性和特殊性的统一,才能做出更接地气、更有说服力的明晰界定。

1. 地方政府

地方政府,这一看似简单的概念也有很大的分歧存在。有学者将学界观点总结为两种:①地方政府是处于中央政府与中间政府(州、地区、省政府等)之下的最低一级的政府体系,或者是中间政府的分支机构;②笼统地将地方政府视为中央政府的分支机构或者除中央政府以外的各级政府。❸ 有学者将学界观点从范围和内涵两个角度加以归纳总结。从范围而言,可分为三种情况:①地方政府仅指对当地进行直接治理的政府(即中国学者通常所指的基层政府),而介乎全国政府与地方政府之间的政府,则称为区域政府(或地区政府);②地方政府包括单一制国家中除中央政府以外的其他各级政府,但不包

---

❶ 马克思. 资本论(第1卷)[M]. 北京:人民出版社,1975(8).
❷ 现代汉语词典(修订本)[M]. 北京:商务印书馆,1996:404.
❸ 刘亚平. 当代中国地方政府间竞争 [M]. 北京:社会科学文献出版社,2007:4.

括联邦制国家的联邦成员政府；③联邦成员政府也属于地方政府的范围。从内涵而言，地方政府有两种不同的见解：①仅指地方行政机关；②是包括地方行政机关在内的一个政府单位。❶ 本书认为，对地方政府的理解应有简单和复杂两个维度。简单的维度，即政府体系去除中央政府之外的，皆属于地方政府的范畴。复杂的维度，就是要考虑中国政治体制和行政管理体制的特殊性。这一特殊性决定了在中国，政府的含义需要从广义和狭义的角度来理解，才能对地方政府作出界定。狭义的政府，仅指国家机构内部承担社会公共管理职责的行政机关；而广义的政府，需从公共权力的配置和运用的视角来看，不仅应该包括各级国家机构构成的整体体系，而且应该包括对公共权力有战略性影响力量的执政党及其各级党委。因此，本书所运用的政府概念是党委和政府合一的：省（市区）党委及人民政府，以及省（市区）以下的各级党委、人民政府是本书所使用的地方政府概念的核心部分。在事实层面上，地方政府又有纵向和横向两个维度。在纵向上，中国政府包括中央、省（市区）、地、县、乡镇五个层级，中央以下皆属于地方；在横向上，地方政府又包括五个部类：地方各级党委；各级人民政府及其工作部门；地方各级人大、政协及其工作部门；地方各级法院、检察院等地方司法机构；承担行政管理职能的各级事业性单位。

2. 地方政府经济调节

地方政府经济调节，是一个偏正词组，即"地方政府 + 政府经济调节"，可理解为地方政府拥有的经济调节职能和实施经济调节职能的行为。这一偏正词组的关键部分在于政府经济调节，因此首先要界定政府经济调节职能及行为。关于政府的经济调节职能和经济调节行为，从亚当·斯密发表《国富论》到凯恩斯发表《就业、利息和货币通论》，从凯恩斯主义经济学到新自由主义经济学，可以说是经济学研究的基本命题之一。学界观点之多，争论之多，可谓汗牛充栋：有主张扩大政府经济职能者；也有主张限制政府经济职能者。但就政府经济职能问题仍存在基本共识，即政府经济调节职能的存在有合理性，其合理性就在于治理市场失灵。市场在资源配置方面具有高效率，因此，不仅自由主义经济学强调充分发挥市场的作用，中共十八届三中全会也强调市场在资源配置方面应该发挥决定性作用。但是，市场在公共物品的供给、外部性问

---

❶ 曾伟，罗辉. 地方政府管理学［M］. 北京：北京大学出版社，2006：1.

题、垄断、收入分配失衡和经济波动方面都有力所不逮之处，给了政府干预市场经济运行的充足理由。因此，中共十八届三中全会才在强调发挥市场在资源配置方面决定性作用的同时，强调更好地发挥政府作用。在承认政府经济调节职能存在合理性的同时，从共性的角度而言，政府经济调节职能的客观内容表现在以下五个方面。❶

（1）制定经济规范与维持市场秩序。这主要是指产权的界定和保护竞争、防止垄断等。在市场经济中，商品的交换实质上是产权的交换，没有明确的产权，交换就无法正常进行。同时，通过制定相关的产权制度，明确产权归属，明确市场上每一个行为主体的权、责、利关系，是产生激励、提高效率、促进经济发展的重要因素。因此，有效地界定和保护产权成为政府最基本的经济职能。保护竞争，防止垄断也是政府的重要经济职能。市场机制的发挥要求所有生产要素包括资本、劳动力、技术、信息都进入市场，同时要创造平等竞争的环境，形成统一、开放、竞争、有序的大市场。而经济史也表明，单纯的市场自由竞争存在向垄断发展的趋势，一旦形成垄断，就会妨碍市场机制功能的有效发挥，降低了资源的配置效率。为了维护市场竞争秩序，防止和限制垄断对经济运行可能产生的负面影响，就需要政府通过立法等方式反垄断。

（2）解决经济活动的"外部性"问题。"外部性"问题，市场无法解决，政府必须进行适当干预：对具有负外部效应的经济活动强行惩罚，对正外部效应经济活动加以奖励；或者运用组织化手段，将外部效应最大限度内部化，或者对某些耗资巨大、外部效应强的项目进行直接投资。

（3）提供公共物品和公共服务。市场能够有效提供私人物品和私人服务，但对于缺乏竞争性和排他性的公共物品和公共服务而言，市场无法有效提供，如基础教育、基础科学研究、交通与通信事业、城市公共基础设施、国土整治与水利事业、消防安全、环境保护等。这就需要政府管理或者直接提供，由政府直接兴办一些公共事业，或在政府的引导和协助下兴办一些民间公共事业，或在政府的直接规制下引进私人投资兴办一些公共事业，以满足需要。

（4）进行收入再分配，实现社会公平目标。市场经济的历史表明，贫富差距悬殊会激化社会矛盾，抑制人潜在能力的发挥，最终破坏市场效率；而市

❶ 刘瑞. 国民经济学［M］. 北京：首都经济贸易大学出版社，2009：171～173.

场的分配原则近乎于"丛林法则",是无法弥合贫富差距的。因此,面对经济效率与社会公平之间的矛盾,政府承担起实现和维护社会公平的责任是应有之义。

(5) 保持宏观经济环境的稳定性。市场主体是理性的,但却是"有限理性的"。因此市场经济会出现大起大落,导致周期性的经济危机或经济萧条,市场的自有机制无法克服经济周期:虽然能够恢复新的均衡,但所需时间太长,长时间、大规模的经济危机或经济萧条会造成社会的不稳定甚至导致社会动乱。为减轻经济危机带来的影响,一方面,需要政府的力量"熨平"波动,努力保持总供给与总需求的平衡,实现充分就业、物价稳定、经济适度增长和国际收支平衡等经济目标;另一方面,政府也可以兴办公共事业来缓解周期性波动,为保持社会经济的稳定提供减压阀。

从个性的角度而言,政府经济调节职能还有特殊的内涵。❶ 首先,政府的经济调节职能是随着一个国家经济发展阶段的变化而变化的动态演化过程,不存在脱离历史情境的最优的政府市场关系。其次,一个国家在不同发展阶段,政府经济职能的内涵不同。伴随着一个国家从落后到富强,政府在经济发展中扮演的角色大致可分为三个阶段:第一阶段是建立工业基础和培育经济主体;第二阶段是保护幼稚工业,使其获得竞争力;第三阶段是逐渐放松对经济,特别是对微观经济的干预和管制,实行自由市场和自由贸易。最后,在世界发展序列中,处于发展阶梯下端的国家,政府职能更强,对经济干预的范围更广,程度更深。

在历届中共党代会报告中,明确界定政府经济职能的是十六大报告。其具体表述是:"完善政府的经济调节、市场监管、社会管理和公共服务的职能,减少和规范行政审批。"

政府经济调节,即是政府行使经济职能的行为和过程。在当代中国,地方政府的经济调节职能在宪法中和地方政府组织法中都有明确界定,这些明确的界定较之学术论争似乎更为直观。

现行《宪法》第三条规定:"中华人民共和国的国家机构实行民主集中制的原则。全国人民代表大会和地方各级人民代表大会都由民主选举产生,对人

---

❶ 张宇. 中国模式:改革开放 30 年以来的中国经济 [M]. 北京:中国经济出版社,2008:209.

民负责，受人民监督。国家行政机关、审判机关、检察机关都由人民代表大会产生，对它负责，受它监督。中央和地方的国家机构职权的划分，遵循在中央的统一领导下，充分发挥地方的主动性、积极性的原则。"第十五条规定："国家实行社会主义市场经济。国家加强经济立法，完善宏观调控。国家依法禁止任何组织或者个人扰乱社会经济秩序。"第八十九条规定了国务院职权，其中与经济职能相关的有："规定各部和各委员会的任务和职责，统一领导各部和各委员会的工作，并且领导不属于各部和各委员会的全国性的行政工作；统一领导全国地方各级国家行政机关的工作，规定中央和省、自治区、直辖市的国家行政机关的职权的具体划分；编制和执行国民经济和社会发展计划和国家预算；领导和管理经济工作和城乡建设；领导和管理教育、科学、文化、卫生、体育和计划生育工作；改变或者撤销地方各级国家行政机关的不适当的决定和命令。"第一百一十条规定："地方各级人民政府对上一级国家行政机关负责并报告工作。全国地方各级人民政府都是国务院统一领导下的国家行政机关，都服从国务院。"

现行《中华人民共和国地方各级人民代表大会和地方各级人民政府组织法》第五十五条规定："全国地方各级人民政府都是国务院统一领导下的国家行政机关，都服从国务院。地方各级人民政府必须依法行使行政职权。"第五十九条规定了县级以上的地方各级人民政府的职权，其中相关经济职权有："执行国民经济和社会发展计划、预算，管理本行政区域内的经济、教育、科学、文化、卫生、体育事业、环境和资源保护、城乡建设事业和财政、民政、公安、民族事务、司法行政、监察、计划生育等行政工作；保护社会主义的全民所有的财产和劳动群众集体所有的财产，保护公民私人所有的合法财产，维护社会秩序，保障公民的人身权利、民主权利和其他权利；保护各种经济组织的合法权益；办理上级国家行政机关交办的其他事项。"

综上所述，在当代中国的制度框架中，地方政府的经济调节职能是比较广泛的，地方政府具有较强的经济资源动员能力，这样就为宏观调控过程中地方与中央的博弈埋下了伏笔。

3. 宏观调控

从 1986 年到 2012 年，清华同方期刊网数据库中以"宏观调控"和"宏观经济调控"为题的相关论文多达数千篇（见表 1）。但令人遗憾的是，对于这样一个重要的概念，很多研究者并没有认真给予界定就贸然引用了，大量的研究者直接套用西方经济学的逻辑和概念来理解宏观调控。

表1 清华同方期刊网数据库标题含"宏观调控"和"宏观经济调控"的文章数

年份	篇数	年份	篇数	年份	篇数	年份	篇数	年份	篇数
1986	1	1992	33	1998	290	2004	815	2010	376
1987	2	1993	133	1999	274	2005	555	2011	406
1988	9	1994	986	2000	196	2006	550	2012	340
1989	33	1995	647	2001	164	2007	605		
1990	29	1996	519	2002	165	2008	745		
1991	33	1997	370	2003	159	2009	440		

资料来源：根据清华同方期刊网数据库相关信息整理。

总的来看，理论界关于宏观调控的理解存在广义论、狭义论和特色论三类观点。广义论者将宏观调控等同于政府干预，把政府针对市场失灵采取的所有经济措施都纳入宏观调控的范畴；狭义论者则将宏观调控简单地对应为西方国家的宏观经济政策，认为宏观调控仅指运用财政政策和货币政策调节社会总需求；特色论者认为中国的宏观调控是属于中国特色的国民经济管理行为，是基于中国经济转型的实践衍生的理论概念，从目标选择到手段选择都不能用经典经济学理论来解释。比较上述观点，广义论的缺陷在于将政府规制等微观措施也纳入宏观经济管理的范畴，混淆了宏观和微观的差异；狭义论的理论渊源是西方主流宏观经济学理论，虽然被众多研究者所接受，但无法解释宏观调控作为中国特色的宏观经济管理行为所体现出的差异性和特殊性；而特色论虽然基于中国社会主义市场经济实践的现实，但缺乏系统的理论成果，因而成为少数派。鉴于上述情况，并基于宏观调控是本书的重要概念和重要事件场景的事实，本书将专门对宏观调控的概念做详细的分析。

四、基本结构与主要内容

本书由导论、第1~4章以及结束语构成。

导论介绍了本书研究问题的缘起，进行了文献述评，界定了基本概念。

　　第一章对中央地方关系从历史演进的视角进行了简单回顾。地方政府经济调节与国家宏观调控的统筹协调问题，是属于中央地方关系范畴内的问题，从逻辑和历史统一的角度而言，中国中央地方关系问题的历史和现状是我们分析该问题的逻辑起点和现实起点。这一章回顾了中央与地方关系的历史变迁，从历史和逻辑统一的方法出发，提出理解中国的中央地方关系问题，进而理解地方政府经济调节与国家宏观调控的统筹协调问题，必须建立在三个历史基点上：一个是历史前提，一个是大国效应，一个是发展的视角。这是理解地方政府经济调节与国家宏观调控之间关系的理性支点。所谓历史前提，即走向统一、维护统一是中国历史的主流，国家统一是最大的国家利益。所谓大国效应，即中国之大、问题之多、问题之复杂，不可能由中央政府一刀切、一揽子地解决，必须在集权的历史传统基础上，充分发挥好中央和地方两个积极性，实现集权与分权的统筹协调。在集权与分权的考量中，维护国家的统一和中央的权威是底线和边界。不论如何分权，都不能突破这个边界和底线。所谓发展的视角，即中央地方关系在新的历史阶段有新的表现，要用发展的眼光来看待新问题。地方政府经济调节与国家宏观调控的统筹协调问题就是中央地方关系问题在中国经济转型中出现的新事物，既要充分观察问题的"新"，也要从历史前提出发。

　　本书讨论的命题是地方政府在宏观调控中与中央的博弈与统筹协调，宏观调控是该命题的第二个逻辑起点和现实起点。因此，第二章对宏观调控的概念给予了明确界定，构建了一个关于宏观调控概念的理论框架，并将宏观调控作为观察中央地方关系的一个视角。本书认为，宏观调控是政府对市场经济的中国式干预：第一，宏观调控是改革开放后在中国经济市场化转型的过程中出现的经济现象，是中国经济特有的现象。因此，宏观调控作为一个经济学概念是具有中国特色的社会主义市场经济建设实践的理论产物，是在回应中国自1978年开始的面向社会主义市场经济改革开放实践中产生出来的问题时提出来的概念，是一个基于中国经济的现实，在现代经济理论指导下形成的具有中国特色的经济学概念。第二，宏观调控是中国政府根据对国民经济运行形势的基本判断，审时度势而采取的强力干预市场经济运行的特殊行动。因此在理论上，宏观调控属于政府干预市场经济运行的范畴，属于政府和市场经济关系的研究范畴。但是，宏观调控是中国经济转型过程中，政府针对出现的一些新问题而采取的干预行动，这些新问题是计划经济时期所未有的，也是西方国家市场经济实践中没有的。因此，宏观调控是政府对市场经济的一种中国式干预，是中国特色的国民经济管理行为。第三，经过长期的探索和实践，宏观调控形成了一元化的调控主体—二元化的调控任务—多元化的手段体系这三位一体的操作—功能框架。所谓一元化的主体，是指宏观调控的主体是中央政府，地方政府的经济管理权限仅限于管理调节地方经济的发展。所谓二元化的调控任务，是指宏观调控的任务既包括总量调节，也包括结构调整。所谓多元化的手段体系，是指宏观调控的手段包括经济手段、法律手段和行政手段等其他必要的手段。

第三章对宏观调控中的中央地方博弈现象，对地方政府行为从合作到博弈的变化及其内在逻辑进行了分析，并构建了一个紧缩性宏观调控中地方政府博弈中央政策的理论逻辑模型。本书认为：①地方政府并不是一味地与中央宏观调控逆向行动的，在扩张性的宏观调控过程中，地方政府是积极与中央的政策取向合作、互动的；②地方政府逆向博弈国家宏观调控政策的行为发生在以控制经济过热为目标的紧缩性宏观调控过程中；③紧缩性的宏观调控政策目标与地方政府的职能定位与发展需求出现了矛盾，地方政府就有愿望、有动力去和中央的宏观调控政策进行博弈；④地方政府有能力成为固定资产投资过热进而经济过热的主导力量。地方政府的经济调节行为在宏观调控中发生了断裂：即在扩张性的宏观调控中，地方政府的行为取向与中央政府是一致的；在紧缩性的宏观调控中，地方政府的行为取向与中央政府是不一致的，甚至会逆向而动，成为宏观调控的破坏性因素。对此，应该在中国经济转型的历史进程中去理解宏观调控中地方政府经济调节的行为断裂。在逐步形成的社会主义市场经济体制框架内，中国中央政府和地方政府逐渐具有了相对独立的利益和目标。中国中央政府承担着引领国民经济发展并进行宏观调控的职责，而地方政府则承担着引领地区经济发展并配合中央政府做好国民经济管理工作的职责。在以经济建设为中心的时代背景下，经济发展绩效成为干部绩效考核，特别是中央考核地方政府绩效的主要指标，同时由于以分税制为核心的财政分权体制的改革，地方政府的利益和地方经济的发展关系日益密切。这些具体的制度安排激励了地方政府招商引资、扩大投资的热情。于是，在治理经济低迷、刺激经济增长的宏观经济背景下，在扩张性的宏观调控过程中，地方政府招商引资、扩大投资的热情与国家宏观调控的政策取向是一致的，地方政府成为高速经济增长的重要推手。而在经济发展逐步趋向过热的宏观经济背景下，以控制、治理经济过热为目标的紧缩性宏观调控政策和地方政府的发展愿望出现了矛盾，使得后者产生了博弈的动机。在目前的制度安排下，很少有因博弈中央宏观调控政策而受到严厉处罚的典型个体，同时又有更多因经济增长绩效良好而得到提拔重用的典型个体出现而形成了强烈的示范效应。这导致与宏观调控政策进行博弈成为普遍的现象，地方政府纷纷运用手中的权力和影响力去获取土地和资金，大干快上地搞开发区建设、招商引资，加剧了经济过热的局面。由此，本书构建了一个紧缩性宏观调控中地方政府博弈中央政策的理论逻辑模型。这一理论逻辑模型说明：地方政府的经济调节行为与国家宏观调控并非天然不协调，在扩张性的宏观调控过程中，两者能够相得益彰；而在紧缩性的宏观调控中，地方政府经济调节行为发生了断裂，对中央的宏观调控采取博弈而不是合作的行为并非是缺乏大局观念的产物，而是当前制度安排下制度供给导致的必然产物。在中国经济转型尚未完成和赶超战略的历史任务尚未结束的背景下，中央和地方在宏观调控中的博弈问题进入了制度供给的困局。

第四章从基本理念和具体对策两个层面，就当前治理宏观调控中的中央地方博弈问题，实现地方政府经济调节与国家宏观调控的统筹协调提出了建议。本书认为，地方政府经济调节与国家宏观调控统筹协调是社会主义市场经济发展过程中出现的新现象、新问题，因此理念层面上要重视和加强针对中国经济转型现实的理论研究和经验总结，要充分发挥中央和地方两个积极性。在具体对策方面，本书提出六个方面的建议：一是调整领导干部政绩考核指标；二是适度优化调整国家发展战略；三是改革完善财政税收体制；四是进一步完善宏观调控体系，同时发挥经济手段和行政性手段的作用；五是围绕宏观调控建立一个跨中央地方、跨部门的协调机构，最大限度形成宏观调控共识；六是充分发挥干部教育体系的作用，从中央到地方促进宏观调控共识的理解和深化。

结束语归纳了本书的主要研究成果：三个历史基点；一个概念分析框架；一个理论模型；若干政策建议。三个历史基点，是指理解中国的中央地方关系问题，进而理解地方政府经济调节与国家宏观调控的统筹协调问题，必须建立在三个历史基点上：一个是历史前提，一个是大国效应，一个是发展的视角。一个概念分析框架，是指对宏观调控的概念给予了明确界定，构建了一个关于宏观调控概念的理论框架，并将宏观调控作为观察中央地方关系的一个视角。一个理论模型，是指本书构建了一个紧缩性宏观调控中地方政府博弈中央政策的理论逻辑模型。若干政策建议，是指本书提出了实现地方政府经济调节和国家宏观调控统筹协调的六个建议。

1　中央地方关系

　　地方政府经济调节与国家宏观调控的统筹协调问题，是属于中央地方关系范畴内的问题。从逻辑和历史统一的角度而言，中国中央地方关系问题的历史和现实是我们分析该问题的逻辑起点和现实起点。国家宏观调控与地方经济调节之间的关系属于中央地方关系的范畴，因此，从历史中来，能够建立起理解地方政府经济调节与国家宏观调控之间关系的理性支点。

1.1　东方大国历史上的戈尔迪之结

1.1.1　古代中国的中央地方关系

　　中国是一个幅员辽阔、历史悠久、民族关系复杂的大国，各地区的经济发展水平、社会生活和文化差异较大，自古以来关于中央与地方的冲突和治理、中央地方关系的统筹协调就影响到国家的兴衰和政权的成败。在古代中国，集权与分权、设藩与削藩、军阀割据与反割据的斗争成为困扰历代王朝的一个重要问题，甚至成为政权更替、天下大乱的起因。辛向阳在《大国诸侯：中国中央与地方关系之结》中形象地将此称为"戈尔迪之结"❶："几千

---

　　❶ "戈尔迪之结"：戈尔迪是希腊神话传说中小亚细亚弗里基亚的国王。他在一辆牛车上打了一个复杂的结，并把它放在宙斯神庙中。神示说能解开此结的人将统治亚洲。过了很多年，公元前334年春，马其顿王亚历山大远征波斯，在小亚细亚获胜，驻军弗里基亚。有人请他看这个古老的"戈尔迪之结"，他试图解开但没能成功，最后他抽出宝剑，将结劈为两半。"戈尔迪之结"是复杂难解的，但亚历山大用自己的规则（刀砍剑劈）解开了结，于是他成为亚洲王者。

年来的中国中央与地方的关系就是这样一个戈尔迪之结。在这个结上又有两个政治的悖论：其一是五千年的中华文明史就是一部处理中央和地方关系的历史。但在历史上，还从来没有哪一个王朝能够真正处理好中央和地方关系这个政治大难题，上一个王朝留给下一个王朝的难解之结就是中央和地方的关系，而下一个王朝既继承了上一个王朝的纠结又将此结弄得更加复杂，再留给更下一个王朝；其二是我国传统的国家管理制度，是典型的中央集权类型，地方服从中央，无论在政治制度，还是政治伦理上，都是一个神圣的法则或毋庸置疑的信条。可是信条偏偏奈何不了现实，旧王朝的中国，每一个行政区都如同一个独立王国，针插不进，水泼不进，令人不了，还常常闹独立，害得中央王朝或武力镇压，或封王笼络，或封侯赎买。真是无奈又无奈。"❶

困扰中国的这个结究竟如何复杂？我们可将漫长历史长河中的风云变化整编为如表 2 所示的总体脉络。

表 2　古代中国中央与地方关系发展变化的总体脉络

历史朝代	古代中国中央与地方关系发展变化的总体脉络
先秦	夏王朝——隶属性和血缘性并存的松散联合；殷商王朝——带有邦联制和分封制特征的相对分立模式；周王朝——大规模分封带来诸侯崛起、王室衰弱、诸侯割据，最终导致群雄逐鹿的春秋、战国局面
秦朝	统一六国，建立从中央到郡县集中统一的政权，郡县和中央的官员皆由皇帝直接任免，一概不世袭。郡县没有或只有很小的权力，一切权力集中于中央或派生于中央，各级权力只对上负责，不对下负责，中央的权力集中于统治者个人手中
汉朝	楚汉相争之时，项羽、刘邦都曾经分封诸侯；西汉初年，郡县制与分封制并存，中央与郡县、诸侯国并存，而后诸侯做大，晁错削藩引发吴王刘濞叛乱；汉武帝推恩子弟，加强中央集权，实现地方政体由复合制向单一制的转变

❶　辛向阳．大国诸侯——中国中央与地方关系之结［M］．北京：中国社会出版社，2008：9.

历史朝代	古代中国中央与地方关系发展变化的总体脉络
三国时期	东汉末年，地方分治中央权力，军阀逐鹿，大军阀"挟天子以令诸侯"成为一种政治局面，直至三国鼎立，形成没有中央的"地方自治"，最终政归司马氏，三家归晋
两晋与南北朝	西晋的统一过程漫长而艰难，但其存在却很短暂，迅速消亡。其后，中国社会失去了统一的组织、思想力量，陷入分裂动荡之中。特别是中国北方一片混乱，时间长达一个半世纪。从八王之乱到五胡十六国，南北朝划江而治，而南朝与北朝内部也因中央与诸侯、地方豪强的矛盾纷争导致政权不断更迭
隋朝	隋朝结束南北朝，中国再度统一；实行三省六部制，实行新郡县制——恢复州县体制，确立异地为官原则，建立中央巡视制度；实施科举制度。随着中央集权的强化，老百姓对地方州县官吏的不满转化为对中央的不满，加之统治者好大喜功，酿成民变并发展成大规模农民起义
唐朝	隋朝灭亡，军阀割据，唐朝结束地方纷争再度统一；唐太宗将中央地方关系法律化、分层组织化、科举制度化，为唐代经济繁盛、文化斐然奠定制度基础；唐睿宗设立节度使制度，唐玄宗强化了节度使制度，为安史之乱埋下伏笔；安史之乱导致藩镇割据，摧毁国家财政结构，缩小中央政府控制区，最终形成五代十国的混乱状况
五代十国	五代十国是唐末藩镇割据的继续与发展，是割据混战的顶峰
宋朝	鉴于唐王朝的深刻教训，宋太祖走上中央集权主义的道路。"杯酒释兵权"，强干弱枝，一切权力集中于中央和皇帝，地方毫无独立性可言，中央权力极端集中，地方权力完全依附中央。这一模式有效应对了藩镇割据的问题，但行政权力过于集中导致地方行政效率低下，财政权力过于集中导致地方行政活动陷于瘫痪，军权过于集中导致部队指挥失灵，战斗力低下，最终导致"靖康之耻"
元朝	建立行省制度，将地方政府作为中央政府的延伸和扩展。行省是皇帝的派出机构，掌握地方一切重大权力。元代的中央集权，还带有民族专制主义和等级主义，汉人和南人没有掌握军政大权的机会，这一方面杜绝了汉人的武装割据，也在另一方面激化了民族矛盾
明朝	中央至上的中央地方关系格局：明太祖朱元璋不相信地方，不相信武将，也不相信文臣，只相信血亲，于是弱化地方权力，废除丞相制，弱化中央政府部门的权力，将权力集中于皇帝手中；同时，诛杀功臣，分封藩王；藩王尾大不掉，终于导致"靖难之役"，明成祖朱棣消除藩王兵权，打掉地方割据势力，确保皇权专制；"靖难之役"和削藩导致连血亲也不能相信，只能相信宦官、方士，激化了社会矛盾，激化了中央和地方藩王、地方政府的矛盾，虽有张居正改革，但也无法扭转中央政权的混乱和地方政权的混乱。最终，酿成民变和地方势力崛起，李自成、张献忠的农民军和辽东努尔哈赤的后金政权合力推翻了明中央政权

续表

历史朝代	古代中国中央与地方关系发展变化的总体脉络
清朝	从中央集权走向中央极权，又走向地方督抚专政，直至地方离异，中央政权分崩离析，结束两千年封建帝制。康熙平定三藩，统一台湾，在全国范围内确立起正常的中央与地方关系，建立起中央集权主义的秩序；雍正时期，中央权力从集权主义走向极权主义——削弱满族诸王旗主的势力，使满族地方权力归于中央政府，设立军机处，强化极权主义统治，建立廷寄制度，加强对地方督抚的严密监控；到嘉庆、道光时期，形成中央尽收地方大权的局面；鸦片战争后，太平天国起义，为镇压起义，脱胎于团练乡勇的湘军、淮军成为维护正统统治的主要军事支柱，以曾国藩、李鸿章为代表的将帅掌握了地方大权，形成督抚专政。这一方面使得清王朝中央总体权力削弱，地方总体权力增长，另一方面使得满族专制主义权力削弱，汉族地方势力抬头。督抚专政起了一个削弱和瓦解清王朝中央政府的作用，于是太平天国运动后，清政府力图裁抑督抚势力。但由于海关大权旁落，中央集权化的财政基础被削弱；洋务运动兴起，地方督抚得以巩固势力。而甲午战争之后，列强在中国纷纷划定势力范围，清王朝中央政府的控制力进一步萎缩

资料来源：根据辛向阳的《大国诸侯：中国中央与地方关系之结》❶ 有关信息整理。

　　基于表2所述，中国是个大国，由于技术手段、交通通信和其他因素的制约，中央和地方的信息不对称，监督管理地方政府的成本非常之高、难度非常之大。大一统观念是文化基因，但大一统帝国的"全国一盘棋"并未形成长治久安的理想局面，反倒呈现出中央集权与地方无序分权的双重特征，甚至成为导致政权更替的重要主导因素。

　　战国以前，是地方分权形式；战国以后，秦朝完成统一，在全国实行郡县制，主要是中央集权形式。所谓集权就是中央政府独占权力。汉朝承袭秦制，但在一定程度和一定范围内也有某种地方分权或准分权形式。钱穆认为，中国的中央地方关系乃至整个中国传统政治都要从秦汉讲起，因为"只要到秦汉，中央方面才有一个更像样的统一政府，而其所辖的各地方，也已经不是封建性的诸侯列国并存，而是紧密隶属于中央的郡县制度的行政划分了"。❷ 总体而

---

❶ 辛向阳. 大国诸侯——中国中央与地方关系之结 [M]. 北京：中国社会出版社，2008：20～148.

❷ 钱穆. 中国历代政治得失 [M]. 北京：生活·读书·新知三联书店，2001：1.

言，在中国国家的政治历史上，中央集权是长期的，从秦到清的两千多年，中央政府在政治权力上有逐步集权的倾向。地方建制的一级单位，在秦、汉为"郡"，在唐为"州""道"，在宋为"路""府""州"。郡县制起源于春秋战国，至秦始皇统一中国而最后完成。郡县制度体现了中央对地方的直接控制。汉代地方政府分郡县两级，全国大体 100 多个郡，每郡辖 10～20 个县，全国有 1 100～1 400 个县，中央特派专员到地方来调查的称刺史。汉武帝时将全国分为 13 个调查区，❶ 东汉魏晋南北朝在此基础上发展为州、郡、县三级地方行政层级。隋及唐初，地方实行郡县或州县两级制。隋朝全盛时有 192 个郡，1 226 个县。唐全盛时有 358 个州，1 573 个县。唐贞观十年（636），唐太宗分天下为 10 道；开元二十一年（733），唐玄宗改 10 道为 15 道，道逐渐成为州以上的一级行政区划。宋代设路、府、县三级行政区划，路下为府、州、军、监，府是皇帝即位前居住或者任职的州以及京都、陪都所在地，军是冲要之地，监是有矿产之地，与州的地位相同，再下是县。宋朝初期有 15 路，全盛时有 26 路、4 个京府、30 个普通府、254 个州、63 个监、1 234 个县。❷ 一般来说，中国历史上是实行高度中央集权的政治体制。因此，地方政府的权力比较小，而且有越来越小的变化趋势。元朝建立后，进一步加强中央集权。在元代，中国只是其征服地之一，只有中央没有地方，地方只是中央政府的延伸，是中央权力在地方的代表，而不是辖区内利益的代表和对本地区负责的政治机构。其典型表现就是把地方行政单位也改成"省"，从此形成断续沿袭至今的以"省"为地方一级行政单位的建制。这个"省"，是"行省"的简称，而"行省"又是"行中书省"的简称。也就是说，作为一级地方政府，所谓"省"在概念上和事实上都不过是中央行政机构的派出巡回机构，是"行走"中的中央"中书省"而已，是"行动的中央政府"。钱穆将之称为"宰相府的派出所"。❸ 尽管地方政府在名义上和权力来源上不过是中央在地方的代理机构，但是经过一段时间的实际运作之后，它往往变成了实际的地方机构，掌握本辖区的实际权力，在一定程度上代表本地的特殊利益而与中央的利益相抗

❶ 钱穆. 中国历代政治得失 [M]. 北京：生活·读书·新知三联书店，2001：10.
❷ 庞海云，等. 中国政治制度史 [M]. 哈尔滨：哈尔滨工程大学出版社，2013：78.
❸ 钱穆. 中国历代政治得失 [M]. 北京：生活·读书·新知三联书店，2001：106.

衡。以唐代监察使为例，其本源是御史官，行监察之职，但逐渐演变成地方长官之最高一级，"假使此项监察使巡视边疆，在边防重地停驻下来，中央要他对地方事务随宜应付，临时得以全权支配，这便成为节度使……节度使在其地域，可以指挥军事，管理财政，甚至该地区用人大权，亦在节度使之掌握，于是便形成藩镇"。❶ 由于中国封建王朝疆域辽阔，皇权虽在制度上对地方实行绝对控制，但实际上对边远地区常常鞭长莫及。在历代王朝的末年，这样的抗衡往往达到相当的强度，从而在中央和地方之间形成相当紧张的关系，不断出现诸侯强国或地方"藩镇"挑战中央权威的事变。

秦汉以后，历代开国皇帝莫不处心积虑地在官僚之间合理分配政治权力和经济权力，以保持帝国统治的稳定。西汉初期，经历异姓王反叛，经历了诸吕之乱后，贾谊在《治安策》提出："欲天下之治安，莫若众建诸侯而少其力……力少则易使以义，国小则亡邪心。"其策略，是要对地方诸侯分而治之，减少、削弱其能力，并使其彻底丢掉反叛成功的幻想，从而实现国家的长治久安。贾谊的论述，应该是治理中央地方关系的最早文献了。每一个新王朝鉴于历史和现实的经验，总是在其最初的兴盛年代进一步加强中央集权，采取比前朝更加有力和集中的方式来削弱地方政府的独立性，形成在名义上和实际上都更加靠近中央的新的地方政府体系。宋太祖赵匡胤对唐代藩镇之乱、五代十国的更替有近距离观察，更是亲身体验了"黄袍加身"，于是和以藩镇节度使为代表的功臣们演出了"杯酒释兵权"的历史剧。❷ 可是，新的轮回并不会就此结束：这样的体系在实际政治运作中还会因为种种因素的作用而被碎片化、空洞化，新的地方政权依然不可避免地在实际运作中逐渐形成相对独立的地方权力，将王朝初年的制度设计变成仅仅停留在名义上。这就是"天下大势，合久则分，分久则合"的所谓"治乱相循"。

明清两个朝代是加强控制却依然难逃"治乱相循"的典型案例。即使是像明代这样完全采取中央派出机构来管理地方的办法，朱元璋也仍然感到地方权力太大，难以驾驭。于是，明代在撤销行省的同时，进一步采取措施以分割地方行政长官的权力。即按元代原有的行省辖区，在每一辖区内分设三司使分

---

❶ 钱穆. 中国历代政治得失［M］. 北京：生活·读书·新知三联书店，2001：45.
❷ 王亚南. 中国官僚政治研究［M］. 北京：中国社会科学出版社，1981：62.

别掌管省内事务的权力：承宣布政使司❶主管行政、民政、财政，提刑按察使司❷分别掌管司法、监察，都指挥使司主管军事。各司长官互不统属，直接听命于中央。中央集权程度因此大大提高，但地方行政效率每况愈下。由于三司各司其职，互相牵制，地方无人总揽其责，难以应付社会矛盾，特别是在农民起义时。晚明时期，不得不增设"总督""巡抚"等职，由中央派重臣担任，委以全权处理地方军政事务。"总督""巡抚"早期是临时性的，后来（特别是到清代），由于社会矛盾的加剧，这职位就不得不变成永久性的。于是，开始形成新的"藩镇"加强地方权力。所以，明、清之政治制度的设计和演变依然没有逃出"治乱相循"的规律：由"强中央"和"弱地方"的制度格局为始，演变到"强地方"和"弱中央"的现实政治为终。到清代，总体沿袭明制，❸ 中央对地方的控制问题不但没有得到完全解决，更因后期西方列强的入侵和太平天国、义和团等农民起义运动，形成地方督抚专政（特别是汉族督抚），乃至"东南互保"局面的出现。

1.1.2 近现代中国的中央地方关系：清末与民国

太平天国运动后，地方督抚特别是汉族地方督抚在剿灭太平军和捻军的战争中崛起，开始掌握地方军政大权，形成督抚专政。清政府虽然力图裁抑，但无能为力，到清朝末年，中央政府对地方政府的约束更加乏力。这种乏力的最典型表现就是 1900 年的"东南互保"。1900 年是庚子年，义和团运动席卷华北，慈禧太后对列强贸然宣战，令地方督抚派兵参战；而东南诸省督抚拒不执行指令，不但不奉诏参战，反而与列强签订互保协定。李鸿章更复电称："此乱命也，粤不奉诏。"此事史称"东南互保"。参与互保的省份，有江苏、江西、安徽、湖北、湖南、浙江、福建、广东、山东诸省。这一局面引起清政府反思，于是处理中央地方矛盾、缓和满汉民族矛盾、剥夺汉族地方督抚权力、加强中央集权成为清政府 1901 年后的急务。1901 年，清政府命令各省巡抚改建兵制，取消旧制武举，创办武备学堂，决心从军事体制上打破地方督抚赖以

---

❶ 清代称"藩司""藩台"。
❷ 清代称"臬司""臬台"（臬读音为"nie"，去声）。
❸ 吴宗国. 中国古代官僚政治制度研究［M］. 北京：北京大学出版社，2004：13.

拥兵自重的勇营制度，代之以营制划一而又为自己控制的新军。可惜，变革来得太晚了，就是这支新军在武昌打响了辛亥革命的第一枪。风雨飘摇的清王朝在中央地方矛盾、内外民族矛盾等的多重挤压下终于垮台。

民国时期的政治舞台风云跌宕，军阀混战，政局混乱，受帝国主义列强欺侮，现代化进程步履艰难，在相当程度上也都受困于中央与地方关系之结。这一时期的结，可以从北洋政府时期和南京国民政府时期两个阶段来看。

1.1.2.1 北洋政府时期（1911~1927）

辛亥革命后，多数省份先后宣告脱离与清政府的隶属关系而独立。各省独立生出了浓厚的分离意识，大多数省政府提出要在官员任免、财政、立法甚至军事上实行自治。但各省又有联合和统一的要求，它们自然倾向于以地方分权的精神组织新的国家机构。因此，联邦建国的主张一度盛行。南京临时政府便是联邦制精神下的产物。1911年11月30日，独立各省派代表云集武汉讨论通过了《中华民国临时政府组织大纲》，规定："临时大总统、副总统由各省代表选举之，每省一票，以得票满投票总数三分之二以上者为当选。"各省不论大小，一律平等看待，以省为单位。至于临时大总统权力的规定大多与美国的联邦宪法上规定相仿。但是，地方分权、各自为政，造成财政分割，中央政府财政困难；而军政费用，新旧内外债的偿还，均需大量款项，中央只得靠借钱度日。同时由于俄国和英国的操纵，在内蒙古、新疆和西藏，出现了分离倾向的现实危险。国家统一和主权完整受到严重威胁说明了中央集权的必要，于是出现中央集权与地方分权的争论。不但梁启超及民主党人倾向于中央集权政策，要求省应从政治实体回归到直属中央的行政机构，国民党内孙中山、黄兴、宋教仁也倾向于建立强有力的中央政府，以巩固国家的统一和推进实业、社会建设。❶

袁世凯出任临时大总统后，不断强调"统一"，尤其注重军权、政权合一的"军事之统一"与"行政之统一"，与各省实力派发生了尖锐的矛盾冲突。"二次革命"后，袁世凯利用武力统一了地方政权，下令解散国会和各省议会，命令各省停办地方自治。1914年5月1日，宣布废除《临时约法》，公布《中华民国约法》。为适应独裁统治的需要，袁世凯对政府机构进行改组，实

---

❶ 曹学恩. 民国时期中央与地方关系探析［J］. 西安外国语学院学报，2000（2）：114.

际上是恢复清朝旧制。袁世凯利用武力和政治权术来加强中央集权，再利用中央政府及他个人已积累的权力谋求实现帝制，最终的结果是将他自己推入绝路。

袁世凯死后，中央政权名存实亡，整个国家分崩离析，四分五裂，极度混乱。中央与地方关系完全处于无序状态，全国被军阀势力所瓜分。从 1916 年到 1928 年的 12 年中，直系、皖系、奉系军阀轮流坐庄，控制中央政权的军阀首领像走马灯一样不停地变换：7 人出任过总统或国家首脑，其中一人两次上台，有 24 次内阁改组。中央政府的地位极端脆弱，权威甚小，根本管不了大小"诸侯"。取得中央地位的大军阀总想消灭地方割据势力，实现"武力统一"；但其他大军阀从中作梗，而地方军阀则打着"自治"的旗号与之抗衡，视中央为"虚设"，不向其上交财政收入。中央与各省之间传统的财政关系彻底破坏了，中央政府的财力降到了最低点，在军阀割据、军阀混战中根本谈不上控制地方政府。

1.1.2.2　南京国民政府时期（1927～1949）

1927 年春夏，以蒋介石、汪精卫为代表的国民党集团"反共清党"。1928 年 2 月，国民党二届四中全会后，国民党内蒋、冯、阎、桂四大派系军阀暂时团结，北伐奉系军阀。是年年底，张学良在东北易帜归顺南京国民政府，全国在形式上实现统一。1928 年 8 月，国民党二届五中全会召开，会议决定结束"军政"时期，进入"训政"时期；确定了"以党训政"的原则，并通过决议案，要求"军令政令必须统一""破除一切以地方为依据，以个人为中心之制度及习惯"，要求各地裁兵，但遭到地方实力派抵制。10 月，国民党中央常务委员会通过并公布《中国国民党训政纲领》和《中华民国国民政府组织法》，其中有如下规定：由国民党全国代表大会代表国民大会领导国民行使政权，全国代表大会闭会期间，以政权付托国民党中央执行委员会执行之；行政、立法、司法、考试、监察五种治权付托于国民政府总揽而执行之；地方机构采用省（市）县（市）两级制，在省县之间设行政督察专员公署作为省政府的常设辅助机关。省政府的首脑是省政府主席，省政府主席和省政府委员不论委任与特派，都由国民党中央决定，国民党中央政府任命。但实际上，国民党中央政府的权力只是形式上的，因为除黄埔系是中央军外，其他大大小小的军事集团都是割据一方的地方实力派，与中央貌合神离，甚至公开对抗。蒋介石不无痛心地叹道："不仅对于地方的行动，中央不能干涉，甚至地方常以军事实力威胁中央！"中央政府能直接控制的仅江、浙、皖、赣等少数省份。在国民政府刚成立的几年内，"中央税收所恃者，计有江、浙、皖三省，皖省尚无款可解，实只恃江、浙两省而已"。❶

为加强中央集权，消除地方割据状况，蒋介石采取了一系列措施。一是倡导裁兵，统一整编全国军队，试图削去地方实力派的兵权，但受到抵制，于是以武力"削藩"。1929 年、1930 年相继爆发了蒋桂战争、蒋冯战争、蒋唐战争、中原大战等军阀混战，地方实力派虽然战败，但割据势力依然存在。二是运用政治手腕实施"削藩"，通过向地方渗透党团力量，控制地方党部，力争把持地方政府民政和教育部门，还利用"剿共"削弱地方实力派并夺取其地盘。三是针对当时地方割据财政的状况，1928 年 7 月，第一次全国财政会议通过了国税、地税划分案，拟定国地税收标准；1930 年 12 月，通令全国所有厘金及由厘金变名来的各种税均于 1931 年元旦废除，改办统税。国民政府还对税收机构进行了整顿，统一征收机关。此外，建立国家垄断金融网，并分两步进行货币改革，统一全国货币，以财政金融统一助其政治统一。四是开展国民党的"团结统一"运动，以软的一手实现政令、军令的完全统一。

抗战爆发后，因战争的特殊环境，需要国家权力更加集中统一，为国民党加强对地方的控制提供了客观条件。1938 年 3 月，国民党临时全国代表大会规定"中央采取以党统政的形态"，决定在国民党内设立总裁，规定中央执行委员会对总裁负责。1939 年 1 月，国民党五届五中全会决议设立国防最高委员会，统一指挥党政军。不过，由于大半国土沦陷，国民政府管辖区域仅西南、西北数省，同时，陕甘宁边区更是一个特区。

抗战胜利后，国共两党曾在重庆谈判，并达成《双十协定》。但不久，蒋介石撕毁了《双十协定》，发动了全面内战。在暂时取得军事优势的情况下，国民党于 1946 年 11 月 15 日召开了"制宪国大"，通过了《中华民国宪法》。中央与地方"采均权制"，具体采用三级划分，对中央和地方的事权采列举法。但形式上的统一并没有改变国民党中央政府软弱不堪的现实。在整个国民党统治时期，由国民党政府直接控制的省份最少时只有 3～4 个，最多时不超

---

❶ 曹学恩. 民国时期中央与地方关系探析 [J]. 西安外国语学院学报，2000（2）：115.

过 10 个省，大多数省份始终处于地方实力派控制之下，省主席位置往往成为蒋介石与地方实力派实行权力交换的筹码。从 1927 年至 1949 年，国民政府共任命了 253 人次的省主席，其中 75% 为军人，广西、云南、湖南、河南、西康、热河诸省始终由军人担任省主席，四川、贵州、江西、福建、甘肃、陕西、宁夏、山东、山西、河北、绥远、察哈尔诸省的省主席 80% 以上为军人。❶ 国共内战期间，地方与中央的离心倾向进一步增大，地方军队的瓦解，成为直接促使国民党最终败走台湾的重要原因。

1.2　新中国成立后的中央地方关系

新中国成立后，以人民利益的利剑砍断了"旧王朝政治生活中中央与地方关系的纷乱之结"❷；中央与地方的关系处于新的历史基础之上，有了新的表现，但仍然是一个重要命题。新中国成立后的六十多年，以 1978 年中共十一届三中全会为时间节点，经济体制经历了从计划经济体制向社会主义市场经济体制的转变，工作重心经历了从以阶级斗争为纲向以经济建设为中心的转变，中央和地方的关系问题也经历了两个历史时期。

1.2.1　计划经济时期的中央地方关系

新中国成立后，选择了计划经济体制，既有意识形态方面的原因，更有现实政治经济因素的原因。近代以来，鸦片战争之后，中国的发展落后于率先进行工业革命的欧美诸国，遭受了列强的侵略和欺侮，经历了屈辱的"百年风云"。因此，反抗侵略，救国图存，实现民族解放，建立一个独立富强的国家，成为中国近代史上的最强音，也成为民族精英的共识。正如梁启超所说："今世之识者，以为欲保护一国中人人之自由，不可不先保护一国之自由。苟国家之自由失，则国民之自由亦无所附。当此帝国主义盛行之日，非厚集其力于中央，则国家终不可得安固。"❸ 1949 年中华人民共和国成立之后，以毛泽

---

❶　徐矛. 中华民国政治制度史 [M]. 上海：上海人民出版社，1992：390～391.
❷　辛向阳. 大国诸侯——中国中央与地方关系之结 [M]. 北京：中国社会出版社，2008：9.
❸　马思宇. 爱恨交加的"帝国主义" [J]. 读书，2014（1）：42.

东为核心的新中国第一代领导人首先要交出的历史答卷也是以民族独立、国家富强为核心内容的。新中国的工业基础十分薄弱，基于民族生存压力、国际政治环境、国内经济环境、工业化积累方式的约束，以毛泽东为核心的中国第一代领导人选择了赶超战略，实施了以重工业优先增长为发展目标，带动整个工业化进程，实现经济快速发展的建设方针。❶

　　近代史的"百年风云"中，工业化是中国民族精英致力追求的梦想，从"师夷之长技以制夷"的洋务运动，到孙中山的《救国方略》，到民族资本和民族工业的发展和兴起，都是在富国图强道路上的探索和追求。由于长期处于外敌入侵和军阀混战的状态下，中国工业经济部门的发展步履维艰，在国民经济构成中的比重很小。据统计，到1936年，也就是第一次鸦片战争爆发近100年以后，近代机器大工业意义上工业产值在中国工农业总产值中的份额才超过10%，到1949年也仅仅达23%，❷而且主要是轻工业产品，各类重工业产品的产量都非常低（见表3）。人均产量则更低，与发达国家相比几乎可以说是刚刚起步。以人均钢铁为例，为苏联同期水平的1/69，美国同期水平的1/227，即使是和"二战"战败国日本相比，也只是日本的1/35（见表4）。汽车、拖拉机和飞机制造业等现代工业部门更是为零，仅有的近代机器大工业也只是集中在只占国土面积12%的东南沿海地区❸；新中国成立前夕，占国土面积45%的西北地区，工业产值仅占全国总量的3%，占国土面积23%的西南地区，工业产值仅占全国总量的6%。❹1954年6月，毛泽东在中央人民政府委员会会议上谈到建设重工业的必要性和重要性时感叹道："现在我们能造什么？能造桌子椅子，能造茶碗茶壶，能种粮食，还能磨成面粉，还能造纸；但是，一辆汽车、一架飞机、一辆坦克、一辆拖拉机都不能造。"❺

──────────

　　❶ 林毅夫，蔡昉，李周. 中国的奇迹：发展战略与经济改革（增订版）[M]. 上海：上海三联书店，上海人民出版社，1999：30～31.
　　❷ 李宗植. 中华人民共和国经济史：1949～1999 [M]. 兰州：兰州大学出版社，1999：2.
　　❸ 钟契夫. 资源配置方式研究──历史的考察和理论的探索 [M]. 北京：中国物价出版社，2000：255.
　　❹ 汪海波. 新中国工业经济史 [M]. 北京：经济科学出版社，1994：61.
　　❺ 毛泽东文集（第6卷）[M]. 北京：人民出版社，1999：329.

表3 1949 年中国主要工业产品产量

产品	原煤	原油	发电量	钢	生铁	水泥	棉布
单位	亿吨	万吨	亿度	万吨	万吨	万吨	万米
产量	0.32	12	43	15.8	25	66	18.9

资料来源：李宗植. 中华人民共和国经济史：1949～1999［M］. 兰州：兰州大学出版社，1999：2.

表4 1952 年中国工业产品人均产量与工业化发达国家对比

产品	国家			
	中国	苏联	美国	日本
钢/公斤	2.37	164.1	538.3	81.7
发电量/度	2.76	553.5	2949.0	604.1
棉布/米	5.4	23.6	55.4	—

资料来源：李宗植. 中华人民共和国经济史：1949～1999［M］. 兰州：兰州大学出版社，1999：49.

从鸦片战争到抗日战争给中国人民带来的痛苦经历，使得赶超战略特别是重工业优先发展成为中国政治精英和知识精英的不二选择。中共七届二中全会所确定的革命胜利后的总方针、总路线中，"由农业国转变为工业国"是重要内容。在新中国成立前夕的 1949 年 9 月 21 日，当毛泽东在政治协商会议第一届全体会议上讲出"让那些内外反动派在我们面前发抖吧，让他们说我们这也不行那也不行吧，中国人民不屈不挠的努力必将稳步地达到自己的目的"这番话时，他和他所代表的中共几乎得到了中国所有政治精英和知识精英的热烈掌声。林毅夫等研究者将新中国选择的重工业优先发展战略定义为不顾资源的约束而推行超越发展阶段的"赶超战略"，并建立一个颇令人称道的理论框架：为了实施这种以发展没有自生能力的产业为目标的"赶超战略"，需要一套不同于市场调节机制的宏观政策环境、资源配置制度和微观经营机制，使资源的配置有利于重工业的发展。在第一个五年计划期间，我国已经形成了扭曲产品和要素价格的宏观经济环境、高度集中的资源计划配置制度和缺乏自主权的微观经营机制，林毅夫等研究者将这种在重工业优先发展战略选择之下形成的，宏观政策环境、资源配置制度和微观经营机制三位一体的经济体制视为中国传统计划经济体制的基本特征。❶ 20 世纪 50 年代末 60 年代初，针对当时经济上出现的困难，曾经对微观经营体制作了一些调整。但是，这些调整并没有改变其与战略目标、宏观政策环境以及资源配置制度相配合的性质，反而通过一些有关"条例""决定"把这一体制进一步制度化和完善化。

在三位一体的中国传统计划经济体制内，新中国成立后的中央与地方经济关系在这一历史时期经历了放权、收权的反复变动。地方政府没有多少自主权，在很大程度上充当了中央政府派出机构的角色。"统一领导、统一管理"的体制对全国经济实行以部门"条条"为主的垂直管理制约了地方的积极性和主动性，地方政府和企业没有充分利用自己的信息优势将资源配置和利用推向生产可能的积极性，实现资源配置的优化。随着国有企业数量和生产经营活动的增加，中央需要处理的信息问题越来越多，监督越来越困难；微观经营单位和中央计划当局之间存在极为严重的信息不对称、责任不对称，中央计划当局也无法及时发现和纠正微观单位的机会主义行为。

"一五"期末，中国决策高层已经觉察出高度集中的计划经济体制存在管理上的难题，也意识到：如果实行分权，将投资活动和企业交给地方政府直接负责监督管理，中央政府只负责监督管理各地方政府的行为，就可能缩小中央政府的管理幅度和长度，减少所负担的公共经济管理任务，并发挥地方政府和微观单位的信息优势。❷ 中国在 1958～1961 年尝试了一次大规模的以分权为中心的经济体制改革。1956 年 4 月，毛泽东发表了著名的《论十大关系》讲话，在这一重要文献中他强调经济发展要处理好中央与地方的关系："应当在巩固中央统一领导的前提下给地方更多的独立权，让地方办更多的事情"。❸ 根据这一讲话精神，中共"八大"决定对经济体制进行调整，提出应给予省级政府一定的计划、财政、人事、物资调配等权力。中央只管辖关键性的国有企事业单位，其他应尽量下放到地方。刘少奇在中共"八大"的政治报告中，周恩来在关于"二五"计划的建议报告中就此问题作了进一步布置。1957 年 10

---

❶ 林毅夫，蔡昉，李周．中国的奇迹：发展战略与经济改革（增订版）［M］．上海：上海三联书店，上海人民出版社，1999：30～54.

❷ 胡书东．经济发展中的中央与地方关系——中国财政制度变迁研究［M］．上海：上海三联书店，上海人民出版社，2001：45～49.

❸ 毛泽东．毛泽东著作选读（下册）［M］．北京：人民出版社，1986：729～731.

月，中共中央扩大的八届三中全会基本通过了陈云主持起草的关于改进工业、商业和财政管理体制三个规定的草案，并经 11 月召开的第一届全国人民代表大会常务委员会 84 次会议批准，定于从 1958 年起实行《关于改进工业管理体制的规定》《关于改进商业管理体制的规定》和《关于改进财政管理体制的规定》。这三个文件总的精神，就是调整中央和地方、国家和企业的关系，把一部分权力下放给地方和企业，并正式规定了下放权力的原则、措施、步骤。此后，中央对地方下放了一系列经济管理权、计划决策权、基建审批权、物资分配权，不再强调中央与地方的"双轨制"；而是要求建立"块块为主，条块结合"的计划体制，实行以地区综合平衡为基础，专业部门和地区相结合的计划管理体制。

地方权力加强后，国家的财政经济很快陷入脚重头轻、尾大不掉的状况，促使中央重新收权。当时，中央各部委管理的企业有 88% 下放给地方，中央直属企业的工业产值占全国工业总产值的比重从 1957 年的 39.7% 下降到 1958 年的 13.8%；[1] 地方财政在国家财政预算支出中的比重从 1957 年的 29% 陡然上升到 1961 年的 55% 左右，[2] 财政预算外资金收入在此期间也上升了 1 ~ 6 倍。[3] 在保持原来的计划体制前提下进行大规模分权，既没有引进市场机制，也没有放弃扭曲的宏观政策，地方政府存在积极牺牲农业和轻工业发展重工业的机会主义倾向。结果造成地区分割，形成以"块块为主"的地方自给体制，中央的综合平衡能力受到极大削弱，造成全国范围内的比例失调。[4] 1958 ~ 1961 年，中央和地方在"大跃进"的号召下，按照中央的要求和地方的利益，积极发展本地的大、中、小工业企业，努力建立地方的工业体系，盲目地扩大地方经济的发展。[5] 到 1958 年冬，经济运行出现了空前混乱，财政出现赤字，

[1] 赵德馨. 中华人民共和国经济史（1949 ~ 1966）[M]. 郑州：河南人民出版社，1989：532.

[2] 国家统计局国民经济综合统计司. 新中国 50 年统计资料汇编 [M]. 北京：中国统计出版社，1999：18 ~ 19.

[3] 财政部综合计划司. 中国财政统计（1950 ~ 1991）[M]. 北京：科学出版社，1992：188 ~ 189.

[4] 胡书东. 经济发展中的中央与地方关系——中国财政制度变迁研究 [M]. 上海：上海三联书店，上海人民出版社，2001：67、72.

[5] 任志江. 大跃进时期中央与地方关系变迁——经济发展战略角度的研究 [J]. 中国经济史研究，2006（1）：148.

通货膨胀，职工队伍扩大，消费品供应紧张。以职工队伍的扩大为例，1958年的"大跃进"运动，在生产上追求高速度、高指标，不顾客观条件，盲目发展钢铁工业，大上基本建设，造成了工业对劳动力的"虚假需求"。1958～1960年期间，全国职工人数净增了2 800多万人，而当时全国城镇每年仅能新增劳动力120万人，3年只能提供360万劳动力，远远不能满足需要。于是政府一方面在城市动员家庭妇女参加工业生产，另一方面在农村强制大搞土高炉、炼钢铁。这样农村劳动力向城市和工矿区转移的规模迅速扩大，1958年全国非农产业劳动力达11 110万人，比1957年的4 462万人增长1.49倍。与此同时，农村非农产业劳动力也从1957年的1 257万人猛增到1958年的5 810万人，一年之内增长了3.6倍。农业劳动力从同期的19 309万人下降到15 490万人，农业劳动力占全社会劳动力的比重从1957年的81.2%下降到1958年的58.2%。❶ 应当指出的是，尽管这次转移是新中国成立以来农业劳动力向非农业最大规模的转移，但是这种转移并不是以农业劳动生产率的提高为基础的，是一种非正常的转移。1958年12月党的八届六中全会以后，纠正"共产风"，一部分劳动力又回流到农业。"大跃进"3年的负重前行，最终导致了国家和人民的深重灾难，"大跃进"以大悲剧的结局收场。针对问题，1961年1月的中共八届九中全会决定从1961年起实施"调整、巩固、充实、提高"八字方针，对"大跃进"产生的混乱进行纠正，同时收回下放给地方的一部分权力，反对分散主义，强调全国一盘棋，地方政府计划管理权限大大压缩。到此时，第一次地方分权改革的试验宣告结束。

经过1961～1965年的调整，经济的混乱局面有所改观，但中央集权的弊病又暴露出来，形成了新的"条条专政"。毛泽东对"条条专政"进行了批判和否定，1966年他在写给刘少奇的信中说："一切统一于中央，卡得死死的，不是好办法。"❷ 1966年3月，毛泽东在中共中央政治局扩大会议上批评中央部门对下放的工厂收多了，凡是收的都要叫他们调出中央，到地方去，"连人带马"都出去。在放权的思路下，1969年以后，新中国开始计划体制下的第

❶ 中国统计年鉴1983 [M]. 北京：中国统计出版社，1984：120、122.
❷ 毛泽东. 关于农业机械化问题写给刘少奇的信 [M] //建国以来毛泽东文稿（第12册）. 北京：中央文献出版社，1998：20.

二次大规模分权改革，在建"工业省"的思想指导下又一次下放权力，再次实行以"块块"为主的国民经济管理体制。1970 年，国务院各部委、直属机构由原来的 90 个精简到 27 个，人员编制缩减 82%。大批中央部属企业下放给地方，包括鞍山钢铁厂、大庆油田等超级大企业在内的 2 600 多家中央直属企事业单位下放到地方，❶ 中央部属工业企业由 1965 年的 10 533 个减至 1970 年的 1 674 个，在工业总产值中的比重从 42.2% 降到 6%。❷ 同时，相应扩大了地方的财政、计划管理、物资分配、商品价格管理和人事管理方面的权限；地方财政支出占国家预算内财政支出的比例逐年上升，由 1968 年的 38.67% 增至1976 年的 53.16%。❸ 大规模地方分权措施虽然调动了地方积极性，但又形成了地区分割和部门分割现象，加之文化大革命的破坏，经济秩序混乱，国民经济接近崩溃的边缘，1976 年全国工业企业利润率仅及 1965 年的一半。❹ 1976年粉碎"四人帮"后，又一次调整了中央地方关系，加强了中央的集中统一领导，中央又开始收权，强调对铁路、民航、邮电等部门的统一管理，调整若干企业的隶属关系，把重点企业收归中央管理，上收了部分财政、税收、物资管理权。❺

综上所述，在传统计划经济体制下，中央地方关系的制度变迁完全是由中央政府推动，地方必须绝对服从且没有博弈的能力。中央政府的各种指令凭借中央绝对政治权威交付地方政府具体执行，地方政府只能被动服从，无灵活变通的权力。中央政府主要根据现实经济情况来决定集权和分权及其程度。如果集权导致了经济僵化，那么就开始分权，反之则开始集权。在传统计划经济时期的中央地方关系调整，地方并没有获得独立的经济利益和自主的发展权利，特别是在税收征集和财富分配等方面都没有获得自主权。"尽管每次下放企业的规模不一样，但稍加分析便会发现，每次权力下放直属企业给地方，都没有将来自这些企业的收入下放给地方。相反，企业下放给地方，但中央仍保留这

❶ 中央财经领导小组办公室. 中国经济发展五十年大事记（1949.10 ~ 1999.10）[M]. 北京：人民出版社，1999：237.
❷ 董辅礽. 中华人民共和国经济史（上卷）[M]. 北京：经济科学出版社，1999：505.
❸ 国家统计局国民经济综合统计司. 新中国 50 年统计资料汇编 [M]. 北京：中国统计出版社，1999：18 ~ 19.
❹ 赵德馨. 中国近现代经济史（1949 ~ 1991）[M]. 郑州：河南人民出版社，2003：307.
❺ 董辅礽. 中华人民共和国经济史（上卷）[M]. 北京：经济科学出版社，1999：60.

些企业的绝对部分的收益索取权。例如，有研究指出，即便在最盲目的'大跃进'时期，中央仍然控制着下放企业利润的80%"。❶ 同时，政治生活的高度集权、意识形态的强大压力，也限制了地方政府经济职能的扩张。在宏观政策环境、资源配置制度和微观经营机制三位一体的传统计划经济体制内，集权与分权的调整只是计划经济的内部调整，即部门和地方之间管理经济权限的重新划定，以及与此紧密相连的行政机构增减的循环往复，从未触及高度集中的计划经济体制总体格局。❷

1.2.2 改革开放后的中央地方关系

1978年中共十一届三中全会后，中国开始改革开放，国家开始以经济建设为中心，经济体制由单纯的计划经济转向以计划手段为主、市场手段为辅，逐步转向发挥市场在资源配置方面的基础性作用。中央政府坚定不移地坚持市场化改革方向，当问题得到部分解决的微观经营机制与资源计划配置制度、宏观政策环境发生冲突时，虽然曾经出现体制复归的暂时现象，但从总体上看，没有采取倒退回去的措施或继续维系传统经济体制，而是逐步将改革从微观经营机制方面深化到资源配置制度和宏观政策环境方面，为继续解决微观经营机制问题创造条件。❸ 20世纪80年代末90年代初以来，中国经历了价格体制改革、商品流通体制改革、金融体制改革、国有企业改革等一系列重大的改革实践，逐渐打破了计划经济体制的僵局，市场化程度不断提高。特别是1994年财税、金融、外汇、投资等体制改革后，市场体系逐步完善，政府逐步从直接的大量的企业管理中退出，成为宏观管理者和社会管理者，政府规模相应地缩小，对企业和个人等微观经济主体的干预程度大大减弱，市场在资源配置中发挥了基础性作用。2001年加入世界贸易组织后，2002年中共十六届三中全会宣布中国已初步建立了市场经济体制。改革开放遵循了市场经济的自身逻辑，是一条"放权让利"的道路，在中央和地方关系上采取了经济性分权与行政

---

❶ 张军. 中央与地方关系：一个演进的理论 [J]. 学习与探索，1996 (3)：5.

❷ 张宇. 中国模式：改革开放三十年以来的中国经济 [M]. 北京：经济科学出版社，2008：111.

❸ 林毅夫，蔡昉，李周. 中国的奇迹：发展战略与经济改革（增订版）[M]. 上海：上海三联书店，上海人民出版社，1999：138.

性分权相结合的尝试。中共十一届三中全会对放权有专门的论述："现在我国经济管理体制的一个严重缺点是权力过于集中，应该有领导地大胆下放，让地方和工农业企业在国家统一计划的指导下有更多的经营管理自主权。"❶ 此后，一方面扩大地方的计划管理权，各级政府开始有了不定期的固定资产投资权和城乡建设权，实行财政分级包干，突破中央统包统配，扩大地方财力；另一方面扩大企业自主权，将一部分中央直属企事业单位下放给地方等。改革和分权从农村切入，将以往的行政性管理权限调整为扩大农民和企业生产经营自主权，跳出了循环往复调整条块之间行政性管理权限的窠臼；在短短的几年时间内，原来的政社合一、"一大二公"的社会体制被打破，确立了以家庭联产承包责任制为主、统分结合的双层经营机制。1984 年以后，以城市为中心的经济体制改革也沿着经济性分权与行政性分权相结合的路子展开。

从中央政府和地方政府之间的财政分配关系来看，改革开放以来经历了1980 年、1985 年、1988 年和1994 年四次重大改革。前三次体制改革具有一定的共性，就是实行对地方政府放权让利的财政包干体制。为了改革过去中央政府统收统支的集中财政管理体制，1980 年开始对大多数省份实行了"划分收支、分级包干"的预算管理体制，建立了财政包干体制的基础。从 1982 年开始逐步改为"总额分成，比例包干"的包干办法。1985 年实行"划分税种，核定收支，分级包干"的预算管理体制，以适应 1984 年两步利改税改革的需要。1988 年为了配合国有企业普遍推行的承包经营责任制，开始实行"收入递增包干""总额分成""总额分成加增长分成""上解递增包干""定额上解"和"定额补助"6 种形式的财政包干。

放权让利改革战略和"分灶吃饭"财政体制的实施，使得地方政府担当了推动地区经济增长的重任，掌握的经济决策权和可支配的资源也得到相应拓展。中央与地方政府成为具有不同权力和利益的相对独立的经济主体，地方政府成为中国经济高速增长的重要推动力量。放权让利改革战略和"分灶吃饭"的财政管理体制改革也导致了一些问题的出现。首先就是"地方保护主义"现象。由于地方政府官员政绩、财政收入、升迁与本地企业的利润（市场份

---

❶ 《中国共产党第十一届中央委员会第三次全体会议公报（1978 年 12 月 22 日通过）》，《人民日报》1978 年 12 月 24 日。

额）紧密相关，实行地方保护主义、对辖区外商品设置贸易壁垒，自然成为本地政府和企业"合乎理性"的选择。于是，所谓"地方保护主义"现象纷纷出现。放权让利改革战略和"分灶吃饭"的财政管理体制改革带来的另一个负面效应是弱化了国家财政的宏观调控能力，主要表现在：一是两个比重的下降，即财政收入占国内生产总值比重的下降和中央财政收入占财政收入比重的下降。财政收入占 GDP 的比重从 1978 年的 31.2% 下降到 1994 年的 11.2%，中央财政收入占财政收入的比重从 1978 年的 60% 下降到 1993 年的 22%。❶ 二是财政支出的增长幅度超过了财政收入的增长。从 1978 年到 1997 年，不含债务的财政收入从 1 132 亿元增加到 8 651 亿元，按可比口径计算，增长了 6.6 倍，年均增长 11.3%。同期，不含债务的财政支出从 1 122 亿元增加到 9 233 亿元，按可比口径计算，增长了 7.2 倍，年均增长 11.7%。两者相比，支出增幅高于收入增幅 0.4 个百分点。三是财政赤字规模扩大。从 1979 年到 1997 年，我国不含债务的财政赤字从 135.4 亿元增加到 582.4 亿元。四是国债规模不断扩大。中央财政的债务规模，由 1982 年的 84 亿元增加到 1997 年的 2 477 亿元，年均增长 25.3%，中央财政的债务依存度从 1982 年的 11.9% 上升到 1997 年的 55.7%。❷

因此，1994 年实施了财政分税体制改革，以适应市场经济体制的要求，在致力于政府间财力分配格局调整的同时，着眼于政府间财政分配关系的规范化、科学化与公正化，力图建立适应社会主义市场经济要求的财政运行机制。1998 年，中央政府明确提出建立公共财政框架，按照社会主义市场经济的发展要求，财政改革不断向公共财政的方向发展并取得了明显成效。分税制财政管理体制运行平稳、成效明显，中央与地方政府间财政关系逐步规范。2002 年实施所得税分享改革，进一步理顺了中央与地方的利益分配关系，有效调动了中央与地方两个积极性，形成了财政收入稳定增长机制，中央与地方财政收入都实现了较大幅度增长。分税制改革和公共财政框架的建设，无疑推动了中央地方财政分配关系的调整和协调，但同时也暴露出问题。由于对中央和地方

---

❶ 张宇. 中国模式：改革开放三十年以来的中国经济 [M]. 北京：中国经济出版社，2008：95.

❷ 项怀诚. 1998 年为什么要实施积极的财政政策 [EB/OL]. 人民网. http://www.people.com.cn/GB/jinji/31/179/20010905/552492.html.

之间的事权划分不完善，出现了财权上收和事权下放的现实情况，地方政府的财政负担很重，在一定程度上催生了"经营城市"和"土地财政"现象。

直到今天，中央地方关系仍然处于动态调整之中。一方面，在不断改革财税体制的同时，机构设置也在不断调整：1998年11月对中央银行——中国人民银行的管理体制进行了改革，撤销了省级分行，跨省区设置了9家分行，设立了中国人民银行北京营业管理部和重庆营业管理部；在不设分行的省市区人民政府所在城市设立了20个金融监管办事处，在设分行的省会城市设立了20个中心支行。在1998年12月、1999年3月和2003年12月分别对工商行政管理体制、质量技术监督管理体制和土地管理体制进行了改革，实行省以下机关垂直管理体制。另一方面，中央地方关系问题始终作为重要问题被加以强调，治理问题的思路也越来越清晰。中共十六届三中全会提出："合理划分中央和地方经济社会事务的管理责权。按照中央统一领导、充分发挥地方主动性积极性的原则，明确中央和地方对经济调节、市场监管、社会管理、公共服务方面的管理责权。属于全国性和跨省（自治区、直辖市）的事务，由中央管理，以保证国家法制统一、政令统一和市场统一。属于面向本行政区域的地方性事务，由地方管理，以提高工作效率、降低管理成本、增强行政活力。属于中央和地方共同管理的事务，要区别不同情况，明确各自的管理范围，分清主次责任。根据经济社会事务管理责权的划分，逐步理顺中央和地方在财税、金融、投资和社会保障等领域的分工和职责"。十六届六中全会提出："进一步明确中央和地方的事权，健全财力和事权相匹配的财税体制。完善中央和地方共享税分成办法，加大财政转移支付力度，促进转移支付规范化、法制化"。中共十七大报告提出"健全中央和地方财力与事权相匹配的体制""规范垂直管理部门和地方政府的关系"。中共十八大报告提出："加快改革财税体制，健全中央和地方财力与事权相匹配的体制，完善促进基本公共服务均等化和主体功能区建设的公共财政体系，构建地方税体系，形成有利于结构优化、社会公平的税收制度"。最近的中共十八届三中全会提出："加强中央政府宏观调控职责和能力，加强地方政府公共服务、市场监管、社会管理、环境保护等职责""建立事权和支出责任相适应的制度。适度加强中央事权和支出责任，国防、外交、国家安全、关系全国统一市场规则和管理等作为中央事权；部分社会保障、跨区域重大项目建设维护等作为中央和地方共同事权，逐步理顺事权关系；区域性公共服务作为地方事权。中央和地方按照事权划分相应承担和分担支出责任。中央可通过安排转移支付将部分事权支出责任委托地方承担。对于跨区域且对其他地区影响较大的公共服务，中央通过转移支付承担一部分地方事权支出责任。保持现有中央和地方财力格局总体稳定，结合税制改革，考虑税种属性，进一步理顺中央和地方收入划分。"

综上所述，中央地方关系在不断协调的同时，新问题也在不断出现，老问题也总有新的发展。比如，本书所探讨的地方政府博弈国家宏观调控的问题，既可以说是新问题，也可以说是地方保护主义等老问题的新表现。中央地方关系问题和纠结其中的大量问题，仍然是需要高度关注的。

1.3　关于中央地方关系的主要观点与阐发

历史与逻辑相统一，一方面是历史事实；另一方面是逻辑对历史的反映。所谓逻辑对历史的反映，就是人们对历史事实的看法。中央与地方的关系是影响社会政治经济稳定与否的关键因素，是"戈尔迪之结"，所以关注者和研究颇多，相关看法也颇多。这些观点和看法，也是我们了解当代中央地方关系的一个视角。考虑篇幅原因，本书仅就主要观点予以考察。

1.3.1　关于中央地方关系的主要观点

中央地方关系研究首先涉及中央和地方的概念界定，黄世楚和李彬认为具体管理国家经济、社会事务的是行政系统中的中央政府和各级地方政府，❶ 因此他们将中央或地方界定为各级行政系统，而非党的系统。金太军认为：中央主要是指中央政府，地方主要是指地方政府，它是权力或管辖被限定在国家的一部分地区内的一种政治机构。❷ 关于中央与地方关系涉及中央政府与地方政府之间的哪些关系，多数研究者主要是以政府的职能分工和权益分配为标准来界定。周天勇从职能分工的角度指出中央与地方关系是一个国家实现有效的宏

---

❶ 黄世楚，李彬. 近年来中央与地方关系研究综述 [J]. 湖北大学学报：哲学社会科学版，2001（2）：22~24.

❷ 金太军，等. 中央与地方政府关系建构与调谐 [M]. 广州：广东人民出版社，2005.

观调控、市场监管、社会管理、公共服务基本职能的最主要关系，❶ 因此，中央与地方关系表现为这些职能在中央政府与地方政府之间的分工。金太军认为中央与地方关系是建立在一定利益基础上的国家利益和地方利益之间的一种利益关系，一般包括中央与地方的经济关系、政治关系和法律关系。❷

其次，理论界关注改革开放以来中国中央与地方关系的演进过程，不同研究者依据不同的历史性事件或理论划分为不同的阶段，主要有两阶段论、三阶段论和四阶段论。

金太军和汪波明确地把改革开放以来中国中央与地方关系的演进划分为两个阶段。在第一个阶段，随着计划经济体制向市场经济体制的转型，社会资源的调控权从中央政府向地方政府转移，地方经济利益的独特性逐渐显露，形成转型时期地方政府推进下的中央与地方关系变迁。在此阶段，经济性分权与行政性分权首次进行了结合，这种结合扩大了地方政府的计划管理权和企业自主权，但分权尝试却导致了地方保护主义的出现。在第二个阶段，随着市场逐渐成熟，产权逐渐清晰，社会自治能力逐渐增强，微观经济主体在市场中的主导地位得以确立，市场与公民社会推动中央与地方关系变迁成为主旋律。❸ 李仙的观点与金太军等大致类似，他认为第一阶段始于改革开放，止于市场经济体制改革目标的确立。这是一个中央与地方适当分权、以"块块"为主的区域经济管理模式阶段，一方面调动了地方政府发展经济的积极性，另一方面也导致了"地方保护主义"的出现。第二阶段从市场经济体制改革目标最终确定至今。这个阶段推行还权（微观经营权）于企业、中央与地方政府适当划分公共行政管理和经济宏观管理的区域管理模式，这一阶段逐步明晰政企关系，还企业以经济活动主体的身份，主张政府只是社会公共事务的管理者。❹

杨瑞龙提出了三阶段论，他通过考察具有独立利益目标与拥有资源配置权的地方政府在我国向市场经济体制过渡中的特殊作用，提出了"中间扩散型

---

❶ 周天勇，等."十一五"及今后一个时期调整和理顺中央与地方关系的改革思路 [J]. 经济研究参考，2007（15）：17~28.

❷ 金太军，等. 中央与地方政府关系建构与调谐 [M]. 广州：广东人民出版社，2005.

❸ 金太军，汪波. 经济转型与我国中央与地方关系制度变迁 [J]. 管理世界，2003（6）：43~51.

❹ 李仙. 中央与地方政府职能划分及对经济发展的影响 [J]. 经济研究参考，2005（29）：41~48.

制度变迁方式"的理论假说，将中央与地方关系的变迁划分为三个阶段。❶ 第一个阶段是"自上而下"的供给主导型制度变迁方式。在这种制度变迁方式中，权力中心凭借行政命令、法律规范及利益刺激，在一个金字塔形的行政系统内自上而下地规划、组织和实施制度创新。第二个阶段是中间扩散型制度变迁方式。在微观主体之间的自愿契约与权力中心的制度供给行为之间，存在一种既能满足个体在制度非均衡条件下寻求最大化利益的要求，又可通过在与权力中心的谈判与交易中形成的均势，来实现国家的垄断租金最大化的制度变迁方式，实现向市场经济的渐进过渡。第三个阶段是"自下而上"的诱致性制度变迁方式。随着放权让利改革战略和"分灶吃饭"财政体制的实施，拥有较大资源配置权的地方政府成为同时追求经济利益最大化的政治组织。地方政府经济实力的提高所引起的谈判力量的变化导致了重建新的政治、经济合约的努力。

周天勇等人则提出了四阶段论。❷ 他们认为自改革开放以来，中国的中央与地方关系经历了四个阶段。第一个阶段始于 20 世纪 80 年代初，在扩大地方自主权和企业自主权上取得了较为明显的进展。这一阶段既有"权力下放"，即把权力向地方转移；也有"下放权力"，即扩大地方的执行权和自主权。第二个阶段从 1993～1994 年，中央政府先后两次采取行动增强自己的经济调控能力，财政分配制度的重心开始向中央集中。第三个阶段是指在 21 世纪初，地方政府抓住加入世界贸易组织、深化改革开放的机遇，突出了以开放促发展的发展思路，在原有体制之外获得了更大的发展权和预算外资金的分享权，以致在经济高位攀升过程中又出现了周期性的投资过热和结构失调问题。第四个阶段是指在 2005 年春季，中央又开始实行宏观调控，对货币供应、资源供给等要素配置的权限进行集中。虽然地方政府在几轮体制改革上获得了相对较大的发展自主权和财政分配权，但是仍然与自主的人事权无缘。

再次，市场化改革丰富了中央与地方关系，将分权机制逐步引入集权经济内部，从而形成了中国特色的中央集权和地方分权的制衡机制。因此，集权和分权的制衡继续成为理论界观察中央地方关系的重要视角。

---

❶ 杨瑞龙. 我国制度变迁方式转换的三阶段论 [J]. 经济研究, 1998 (1)：3～10.
❷ 周天勇, 等. "十一五"及今后一个时期调整和理顺中央与地方关系的改革思路 [J]. 经济研究参考, 2007 (15)：17～28.

郑永年和王旭认为中国中央集权和地方分权的特点是中央集权但欠缺权力、地方分权但缺乏民主，解决的办法是建立有选择性的集权制度（selective centralization system）。这种制度是指中央政府要在地方政府之外建立一套属于自己的制度体系，建立这套制度体系不是要对地方进行全面的统治，而是要把那些事关国家利益的权力集中起来，把另外一些权力完完全全下放给地方，中央只对这些权力的行使实行事后的法律监督。❶ 事实上，上述观点是对1998年11月的中国人民银行管理体制改革等一系列改革措施的理论回应。1998年11月中国人民银行撤销省级分行，跨省区设置了9家分行，设立了中国人民银行北京营业管理部和重庆营业管理部，在不设分行的省、市、区人民政府所在城市共设立20个金融监管办事处，在设分行的省会城市设立20个中心支行。随后，在1998年12月、1999年3月和2003年12月中国分别对工商行政管理体制、质量技术监督管理体制和土地管理体制进行了改革，实行省以下机关垂直管理体制。

杨小云认为，中共十一届三中全会以后，在集权与分权的关系处理方面取得了两点经验。一是走出计划经济体制下行政性放权的老路，把行政性放权和经济性放权有机结合起来，找到了协调中央与地方关系的突破口。二是在坚持中央统一领导的前提下，因地制宜地实行有步骤地、非均衡地下放权力，通过一系列政策措施，形成了一种"梯度分权"的格局，不同的地方享有不同程度的开放政策和优惠条件，享有不同的经济管理权力。这些措施有利于地方因地制宜地灵活决策，使地方的自主权真正落到实处，克服了以前行政权力"统放统收"模式的弊端，促进了地方经济增长。❷

胡书东认为，改善中央与地方关系并非就等同于尽可能地向地方政府分权，而是如何设计政府部门的垂直结构，以便提高它的效率。我国正处于进一步推动经济快速发展的关键时期，在完成大部分体制转轨任务、放弃了计划经济体制以后，政府管理体制适当向中央集权，继续维持一个强有力的中央政府，对于今后实现国民经济的持续、快速、健康发展是必不可少的基本制度前提。❸

---

❶ 郑永年，王旭. 论中央地方关系中的集权和民主问题 [J]. 战略与管理，2001（3）：61~70.

❷ 杨小云. 论新中国建立以来中国共产党处理中央与地方关系的历史经验 [J]. 政治学研究，2001（2）：12~21.

❸ 胡书东. 加入WTO对中国中央与地方财政关系的影响 [J]. 世界经济，2002（3）：65~67.

　　王绍光《分权的底线》是一篇关于集权与分权之间权衡的重要文献，● 其中的很多观点很有启发性。王绍光对分权的利弊和集权的利弊都进行了充分的分析。他将分权的好处归纳为五点：有利于促进居民参与当地事务、有利于促使地方政府对本地居民负责、有利于制度创新、给人们更多的选择、有利于缩小政府的总体规模。他也指出了这五点好处从可能变为现实需要的三个先决条件：分权的单位必须足够小、居民必须可以行使投票影响政府构成的权利、居民必须有自由迁徙的权利。王绍光分析了分权的不足之处：只能有效提供地方性共享物品和服务，不能提供全国性共享物品和服务；分权难以克服跨地区外部效应；分权无法得到提供共享物品或服务的规模经济效应；分权不能解决宏观稳定问题；分权不利于解决收入再分配问题。王绍光认为分权的缺点正是集权的长处：集权能有效提供全国性共享物品和服务；集权可以将跨地区外部效应内部化；集权有利于获得规模经济效应；集权有利于获得宏观经济稳定；集权有利于进行收入再分配。他也分析了集权的短处在于对各方信息了解太粗疏；难以设立一种既能调动各级官员积极性、又能使他们的行为与中央保持一致的动力机制。在此分析基础上，王绍光提出了分权的底线和集权的上限：如果应该由中央政府行使的权力相当一部分落到了地方政府的手中，就是跌出了分权的底线；如果应该由地方政府行使的权力相当一部分集中在了中央政府的手中，就是超出了集权的上限。

　　最后，针对改革开放后出现的地方保护主义现象，理论界开始用博弈的视角观察中央地方关系。

　　较早用博弈论的思想分析中央地方关系的是杨瑞龙和杨其静。他们分析了向市场经济过渡过程中中央治国者、地方政府官员和微观主体之间的三方博弈过程及其经济后果，认为正是由于地方政府的介入才使渐进式改革得以相对平稳地推进，并且能以较低的摩擦成本加快我国的市场化进程，从而使得我国的制度变迁路径呈现出阶梯状。杨瑞龙和杨其静认为，在这种制度变迁的框架内，中央治国者为了控制由不确定性带来的风险，需要防止地方政府的"过度"改革；在行政性放权的条件下，地方政府官员希望通过引入市场经济制度搞活本地经济，赢得中央或上级政府认同的最佳政绩，因而具有捕捉潜在制

　　● 王绍光. 分权的底线 ［J］. 战略与管理，1995（2）：37～56.

度收益的动机，同时还需要微观主体在不给他们带来政治风险的前提下积极参与；微观主体为了经济自由和机会也渴望能扩大其自主决策能力的市场经济制度，同时也欢迎地方政府作为他们廉价的集体行动组织。❶

王国生认为，在行政性分权和经济性分权相结合的渐进式改革中，中央与地方之间不再是简单的行政隶属关系，而是具有某种博弈的关系：第一，当中央政府具有修改地方税收上缴份额的权限时，地方征税积极性不高，进而不能提高中央财政收入。1994年分税制后，中央与地方按税种组织各自的收入，形成了相对独立、自求平稳的中央预算和地方预算，大大提高了中央政府信守收入合同的声誉并增加了中央财政收入。第二，地方政府享有所属企业的剩余索取权和剩余控制权，这会推动企业的无效率扩张。只要所属企业能够增加与销售收入挂钩的上缴费用，哪怕亏损，地方政府也会极力维持它的生存。❷ 庞明川认为，地方势力的兴起乃至拥有足够的资本与中央政府进行讨价还价，有着符合逻辑演变的内在机理，与分权化体制的改革有着直接的联系。在实践层面上，目前中央政府面临的是与各地方政府之间的博弈，而地方政府面临的是与中央政府、地方政府之间以及与企业等主体之间的多重博弈。市场化改革的放权让利使地方政府形成了在传统体制下作为中央政府代理机构与新体制下作为地方微观主体代理机构的双向代理角色，决定了转型期地方政府决策者的收益目标：政治利益和经济利益。在这种机制的作用下，经济发展较快的地区和经济发展相对落后的地区都获得了发展经济的积极性。❸

另外，如前所述，2003年开始的宏观调控中出现较为明显的中央地方博弈现象后，越来越多的研究者注意到地方政府行为对宏观经济稳定运行具有重要影响，注意到了地方政府与中央政府在宏观调控中的博弈现象，并对地方政府多持批评的态度。例如，欧阳日辉认为，自1994年分税制改革以后，中央政府与地方政府在宏观调控领域的博弈已经成为一种客观的经济现象。❹ 齐建

---

❶ 杨瑞龙，杨其静. 阶梯式的渐进制度变迁模型——再论地方政府在我国制度变迁中的作用[J]. 经济研究，2000（3）：24~31.

❷ 王国生. 过渡时期地方政府与中央政府的纵向博弈及其经济效应[J]. 南京大学学报，2001（1）：110~117.

❸ 庞明川. 中央与地方政府间博弈的形成机理及其演进[J]. 财经问题研究，2004（12）：55~61.

❹ 欧阳日辉. 宏观调控中的中央和地方关系[M]. 北京：中国财政经济出版社，2008：6.

国认为，2005～2006年的宏观调控政策没有充分落实，地方政府对中央政府的决策响应度不高，甚至逆向行动，是宏观经济调控政策效果不理想的重要原因。❶崔建周观察到，随着市场化转型的深入，中央与地方关系出现了一些新动向，地方政府开始策略性地对待宏观调控：有的地方政府隐性规避宏观调控，有的公开与中央政府"抗衡"；有的预期中央的政策导向、提前行动。❷武少俊认为，2003年以来的经济过热源于地方政府主导下固定资产投资膨胀，一方面地方政府的投资规模扩大很快；另一方面地方政府不择手段招商引资，积极支持地方企业加快发展。❸

1.3.2　若干阐发意见

以上观点，可谓各有特色。自由主义者倾向于地方分权，认为地方分权有利于个人自由和市场竞争，而国家主义者赞同中央集权，认为中央集权有利于维护国家利益和统一市场。这为我们理解和治理当代中国的中央地方关系提供了宝贵的思想启示，也为思考地方政府经济调节与国家宏观调控的统筹协调问题提供了思想启示。但它们或是从某一局部观察和思考问题，或是过多抽象掉了历史因素。要全面认知，还是应该将当代认知与建立在历史基础上的规律总结结合起来。本研究认为，理解中国的中央地方关系问题，必须建立在三个历史基点上：一个是历史前提，一个是大国效应，一个是发展的视角。

关于历史前提，即不论中央地方关系如何复杂，历史上曾经出现过多少分裂，但实现和维护政治统一、国家统一都是中国政治文化的核心内容，是中国历代政治精英的追求，分分合合但走向统一、维护统一是中国历史的主流，国家统一是最大的国家利益。从这一历史前提出发，我们就能理解辛向阳分析古代中国中央地方关系时曾经提到的两个政治悖论："其一是一部五千年的中华文明史就是一部处理中央和地方关系的历史。但在历史上，还从来没有哪一个王朝能够真正处理好中央和地方关系这个政治大难题，上一个王朝留给下一个王朝的难解之结就是中央和地方的关系，而下一个王朝既继承了上一个王朝的

---

❶　齐建国. 2005～2006年宏观经济调控政策分析——兼对中央政府和地方政府关系的思考 [J]. 学习与探索，2007 (1)：126～130.

❷　崔建周. 加强宏观调控　抑制地方保护主义 [J]. 理论探索，2007 (5)：30～35.

❸　武少俊. 2003～2004年宏观调控：地方与中央的博弈 [J]. 金融研究，2004 (9)：51～56.

纠结又将此结弄得更加复杂，再留给更下一个王朝；其二是我国传统的国家管理制度，是典型的中央集权类型，地方服从中央，无论在政治制度，还是政治伦理上，都是一个神圣的法则或毋庸置疑的信条。可是信条偏偏奈何不了现实，旧王朝的中国，每一个行政区都如同一个独立王国，针插不进，水泼不进，令人不了，还常常闹独立，害得中央王朝或武力镇压，或封王笼络，或封侯赎买。真是无奈又无奈。"❶ 这两个"政治悖论"与中国古代历史上统一和分裂的变迁史联系在一起时，不得不令人深思。悖论应该是难以在现实中成立的，但是这两个悖论却在中国成立了有数千年之久。因此，理解这两个悖论的钥匙只能在历史中。《孟子·梁惠王章句上》记载了一个历史上的著名问答——梁惠王曾经问孟子："天下恶乎定?"孟子回答说："定于一。"这个问答的基本意义是：天下要怎样才能安定? 天下只有归于大一统才会安定下来。从那时起，这种大一统的理念就浸透到了中国政治生活乃至普通民众的内心深处，以致分裂国家成为中国历史上"最大的禁忌"，在中国的政治角斗场上"只有爱国者才是赢家"。❷ 美籍华裔文化学者孙隆基从中国文化的角度对此进行了具有典型性的评价，他在《中国文化的深层结构》中指出："与中央保持一致是中国文化深层结构中的一条不因时、地、政治立场而异的'立法规则'……深深地植根在中国人的意识当中。"❸ 于是，中国的数千年历史，就在集权与分权、统一与分裂之间风云变幻，不论曾经走向怎样的分裂，最终也会顽强地回到大一统的局面。不论学术精英还是政治精英，没有人能够真正背离这个常识和共识。尽管没有人能够完全妥善处理好这个"戈尔迪之结"，无奈又无奈，但统一始终是中国政治历史、文化历史的最强音，而且也只有实现统一的状态下中国人的生存状态才有好的可能，也只有顺应常识和共识的政治精英才有可能真正占有中国的政治舞台。葛剑雄曾经在《统一与分裂：中国历史的启示》中很理智地指出，中国历史上处于分裂的时间比统一的时间要长得多——"公元前 221 年以前，中国处于分治状态，经过了一两千年的发展，到此时建立了以中原为中心、华夏为主干的集权政权，但同时还存在着其

❶ 辛向阳. 大国诸侯——中国中央与地方关系之结［M］. 北京：中国社会出版社，2008：9.
❷ 辛向阳. 大国诸侯——中国中央与地方关系之结［M］. 北京：中国社会出版社，2008：8.
❸ 孙隆基. 中国文化的深层结构［M］. 桂林：广西师范大学出版社，2004：215.

他自治政权。此后有九百多年的时间，存在着一个以秦朝的疆域为基础的中原政权，其版图时有盈缩；其余时间则分裂为若干个政权；但自治政权始终存在。中国真正的统一是在1759年实现的，持续了81年。对中国而言，分裂、分治的时间是主要的，统一的时间是非常短暂的。对中原王朝而言，统一的时间略少于分裂时间。但在元朝之前分裂时间多于统一时间，元朝以后则基本上是统一的。"❶ 但他也强调："历代的统一政权，尤其是清朝的统一，无疑对现代中国和中华民族的形成做出了重要贡献。"在论及祖国大陆与港澳台地区的统一问题时，他也提出："尊重中国的历史与现状，以'一国两制'或'一国多制'的方式完成统一是明智的选择""历史发展的规律使我们相信，等待我们的不是'合久必分，分久必合'的轮回，中国将走向统一。"❷ 笔者认为只有从这一常识和共识出发去分析中国问题，研究才具有更强的解释力。林毅夫关于新中国成立后赶超型发展战略和计划经济体制的解读由于以民族复兴为历史和逻辑起点而得到学术同仁的认可就是一个重要的学术个案。因此，在理解中央地方关系问题时，切不可丢开这一历史前提。

可惜的是，在西风东渐的学术研究中，很多人有意无意地忽视了这一点；可喜的是，伴随着中国崛起、中国话语体系的重构，这一共识有回归之势。笔者最近阅读到的一篇很有分量的关于中央地方关系的文献就体现了这种回归。曲路浚在《巨国效应下的中央与地方关系》一文中（以下简称《曲文》）提到，中国历史上不断分裂但总是走向统一就是"自觉维护民族国家的统一的向心力的长处，不断积累从而形成巨国的政治效应"。《曲文》从分裂与统一最为典型的三个历史阶段强调了自己的观点："在中国近现代化过程的清王朝（1840~1911）、中华民国（1912~1949）、中华人民共和国（1949年至今）三个时期的国家与中央政府，都在围绕着复兴国家与实现工业化这一时代的宏观走向，企图在农业文明对接工业文明的过程中，锻造一个伟大的国家以承载社会的历史大变迁，也企图驾驭社会锻造一个对接传统与近现代的有机有效的社会载体。正因为如此，尽管中国近现代化过程，既再现了春秋战国的一幕，又再现了地方割据势力与农民起义一直是皇帝的克星的一幕，换了很多中央政

❶ 葛剑雄. 统一与分裂：中国历史的启示 [M]. 北京：商务印书馆, 2013：83.
❷ 葛剑雄. 统一与分裂：中国历史的启示 [M]. 北京：商务印书馆, 2013：219, 224~225.

府，但任何一届登上历史舞台的中央政府都高举民族国家统一这面旗帜！民国初年，军阀混乱，每个军阀虽拥兵自立，但他们都没有完全独立、分裂国家的企图，军阀混战，都是为了击倒对方，统一中国，成为新的统治者……"《曲文》指出："春秋战国时代，春秋争霸，每一个霸主都没有单独孤立成立一个新国家的企图，都是为了再统一或恢复'周王朝'之天下，于是最终归秦……三国鼎立，曹操立魏国，刘备建蜀国，孙权立吴国，都不是为了永久地与对方抗鼎，而是为了再统一对方而立国号，于是最终三分归晋；唐末藩镇割据，但没有一个藩镇企图另立一个独立的新王朝或新政权，即使与中央政论尖锐对抗的藩镇，也表示在名义上接受唐王朝的统治，不与唐王朝分治……从秦皇汉武到唐宗宋祖，从成吉思汗到康、乾，中国历史上任何一次分裂都不是为了成立单独的民族国家而分裂，而是为了再统一而分裂。"❶

理解了历史前提，就有了理性认识当代中国中央和地方关系问题的边界和底线。在集权与分权的考量中，维护国家的统一和中央的权威是底线和边界。不论如何分权，都不能突破这个边界和底线。从这个意义上而言，在中国，不论是历史还是当代，集权具有绝对性，而分权则具有相对性。正如毛泽东在《论十大关系》中强调要发挥两个积极性，但是"为了建设一个强大的社会主义国家，必须有中央的强有力的统一领导"。在当代中国，也存在一个集权与分权之间的悖论，周黎安称为中国行政体制的"集权—分权"悖论。在研究当代中国地方政府官员的激励与治理时，周黎安指出，"中国一方面是行政集权的国家，中央以下达文件和命令的方式几乎控制了大部分的决策权，从地方治安、税收、人事任命、教育支出到立法。最关键的是，根据宪法规定，中央政府具有管理全国行政、经济、社会等各个领域的决策权。"另一方面，"中国可能又是最分权的国家"。"中国行政权力的高度分散可以从两个方面界定，一是事权高度分散在地方政府。二是因为中央政府监督和控制的困难，地方政府事实上享有大量的关于地方事务的自由裁量权。地方行政首脑有时被形象地比喻为'土皇帝'可以印证这一事实。"❷ 如果说统一与分裂的悖论与中国政

---

❶ 曲路浚. 巨国效应下的中央与地方关系［EB/OL］. http：//www.21ccom.net/articles/zgyj/gqmq/article_2013122597589.html.

❷ 周黎安. 转型中的地方政府：官员激励与治理［M］. 上海：格致出版社，上海人民出版社，2008：201.

治文化和政治传统有关，中国行政体制的"集权—分权"悖论则与大国效应有关。

所谓大国效应，即中国作为一个大国所衍生出来的一系列差异性和特殊性。国际上通常把拥有 5 000 万以上人口的国家列为大国。❶ 中国有多个拥有过亿人口的大省（山东、广东、四川和河南等），这样的人口大省可以轻易地进入世界人口前二十名的国家当中。从这一点来衡量，拥有 13 亿多人口的中国，简直就是一个超级人口大国。中国地域广阔，区域发展不平衡，各地方民族、文化特征各异。以区域发展不平衡为例，张培刚先生曾经对中国的发展不平衡现象做过如下形象描述："我国在社会经济和生产力水平上的差异，可以看成是一部从中古到近代生产力进步的活的历史，在这个生产力发展序列中，'刀耕火种'的原始技术和'信息时代'的高科技，以及在这两极之间的许多不同技术水平的中间技术并存。"❷ 大国效应指的就是中国既具有许多别国不具备的长处和力量，也面临着许多特殊的问题和困难。处理中央与地方关系不能不考虑这个大国效应问题，中国之大，问题之多，问题之复杂，不可能由中央政府一刀切地解决。因此，在集权的历史传统基础上，必须发挥好中央和地方两个积极性，实现集权与分权的统筹协调。

第三个基点是发展的视角，即事物是在不断变化的，必须用发展的眼光看问题。在当代中国，相对于漫长的历史最为重要的发展变化，就是从 1978 年以来改革开放带来的经济转型和社会主义市场经济体制的逐步建立并走向完善。在改革开放和社会主义市场经济的发展过程中，工业化、市场化、城镇化、国际化、信息化水平快速提升，中国社会发生了巨大的变化，国家与社会、国家与个人、个人与个人等不同社会主体之间的关系都处于剧烈变动之中。其中，中央和地方关系也处于动态变化当中，这要求我们不能以僵化和老化的眼光而必须用发展的眼光分析和理解中央地方关系以及浸透于其中的各类问题。

从发展变化的视角来看，地方政府经济调节与国家宏观调控的统筹协调问题正是在中国经济转型中出现的新事物。首先，宏观调控是新鲜事物。1978 年以前，中国经济体制是传统的计划经济体制，直接面向企业等生产者的指令性计

---

❶ 也有统计口径将 2 000 万人口以上的国家列为大国。前文提到的曲路浚就使用这一口径。

❷ 张培刚. 经济发展与二元经济的改造 [J]. 求是学刊，1997（2）：35.

划和行政命令是国家管理国民经济运行的基本手段，1978 年中国开始了改革开放，向社会主义市场经济体制转型，市场逐步成为资源配置的基础性手段。在中国经济转型的同时，中国政府对国民经济运行的干预和管理方式也在转型，宏观调控作为政府职能的重要组成部分，作为政府对市场经济运行的干预行为，发挥着越来越令人关注的作用。其次，在宏观调控过程中，中央地方关系也有新的表现，引发了本书所探讨的地方政府经济调节与国家宏观调控的统筹协调问题。处理这些新问题时，既要充分观察问题的"新"，也要从历史前提出发。

本章小结

国家宏观调控与地方经济调节之间的关系属于中央地方关系的范畴，其核心问题仍然是集权和分权的矛盾。本章就中央地方关系从古代、近现代、当代（新中国成立后）的变迁历史进行了简要回顾，就理论界关于当代中国中央地方关系的研究状况做了文献回顾。从历史和逻辑统一的方法出发，理解中国的中央地方关系问题，必须建立在三个历史基点上：一个是历史前提，一个是大国效应，一个是发展的视角。这是理解地方政府经济调节与国家宏观调控之间关系的理性支点。所谓历史前提，即走向统一、维护统一是中国历史的主流，国家统一是最大的国家利益。所谓大国效应，即中国之大，问题之多，问题之复杂，不可能由中央政府一刀切地解决，必须在集权的历史传统基础上，发挥好中央和地方两个积极性，实现集权与分权的统筹协调。在集权与分权的考量中，维护国家的统一和中央的权威是底线和边界。不论如何分权，都不能突破这个边界和底线。所谓发展的视角，即地方政府经济调节与国家宏观调控的统筹协调问题是中央地方关系问题在中国经济转型中出现的新事物，既要充分观察问题的"新"，也要从历史前提出发。

2 宏观调控

中央和地方关系有多种表现，地方政府经济调节与国家宏观调控的统筹协调问题的现实背景是宏观调控，其现实逻辑是在宏观调控的具体实践过程中引发了中央地方关系问题新的表现。因此探讨国家宏观调控与地方经济调节的统筹协调问题，首先要了解宏观调控本身，这是探讨该问题的第二个逻辑起点与现实起点。但是，正如本书在导论中所指出的，当前关于宏观调控的理论认知并不清晰，对于宏观调控这样一个重要的概念，理论界并没有进行认真地界定。在这样的情况下，分析的根基是不牢固的，更无法真正探索到问题的本质。因此，我们必须就宏观调控本身做详尽地理论探讨。

2.1 中国宏观调控实践的历史过程

1978 年以前，中国经济体制是传统的计划经济体制，直接面向企业等生产者的指令性计划和行政命令是国家管理国民经济运行的基本手段。1978 年中国开始了改革开放的历史征程，向社会主义市场经济体制转型，市场逐步成为资源配置的基础性手段。2013 年，中共十八届三中全会提出要发挥市场在资源配置方面的"决定性作用"。在中国经济转型的同时，中国政府对国民经济运行的干预和管理、调控方式也在转型，以分权和竞争为特征的市场经济要求行政命令式的直接管理模式逐步向宏观的间接管理模式转变。与改革开放进程的总体路径相仿，这也是一个"摸着石头过河"的不断探索和实践的历史进程。在这一进程中，随着中国政府调控国民经济运行实践的探索和发展，出现了宏观调控这样一个新的行为和概念，而且建立和完善宏观调控体系成为国民经济管理模式转型的重要内容，更成为中国社会主义市场经济体制的基本特征。值得注意的是，尽管都是市场经济条件下政府对经济运行的宏观管理，宏观调控与经典西方宏观经济理论中定义的宏观经济政策存在诸多的不同，需要我们在理论和实践层面都给予足够的重视。

回顾中国宏观调控实践过程的历史过程，❶ 从 1978 年开始改革开放至今，中国的国民经济发展经历了七轮宏观调控，其中前六轮相对完整，❷ 第七轮宏观调控尚在进行之中。伴随着宏观调控历史进程的是中国国民经济经历了跌宕起伏仍然保持 30 多年高速增长的现实，由此宏观调控成为政府干预市场经济运行的中国特色的政府行为，也成为经济学研究的一个新概念。

2.1.1　第一轮宏观调控（1979～1981）：计划经济色彩浓厚

1976 年我国的经济增长率还是负增长，1977 年突然上升为 7.6%，1978 年达 11.7%，来势猛烈的经济过热现象显然与打倒"四人帮"的政治大变动有关——新的党中央和国家领导层发动了一次经济跃进，引起了投资过热、比例失调、消费支出增加、财政赤字、国民收入超分配等一系列问题。1978 年 12 月中共十一届三中全会召开，邓小平正式出山成为中国改革开放的总设计师和领导者。同时，陈云主抓经济调整方面的工作，在发展路线方面正式提出将党的工作重心转移到社会主义现代工业化建设上来，提出应当坚决按照经济规律办事，重视价值规律的作用，以市场为取向的经济转型拉开了序幕。国家发展路线的重大调整进一步激发了全国各地"大干快上"的建设热情和冲动，加剧了国民经济的过热现象：一是当年经济增长率冲高到 11.7%，供不应求的矛盾加剧；二是投资过热、投资品价格上涨，当年投资率为 38.2%，由于投资超出了计划，计划之外的产品供给相当一部分是高于计划价格的议价产品，从而抬高了物价指数；三是财政出现赤字，迅速增长的基建投资使财政支

---

❶　在纪念改革开放 30 周年的过程中，理论界出现了众多回顾中国宏观调控历史进程的文献。本书的数据参考了《中国宏观调控三十年——纪念中国改革开放三十周年文集》（韩康，2008）、《国民经济学》（刘瑞，2008）、《改革开放三十年：中国经济波动与宏观调控的回顾与反思》（常春凤，2009）、《中国经济的周期波动与宏观调控》（刘树成，2005）等文献。在此表示衷心感谢。

❷　在早期的宏观调控实践中，理论界并未运用宏观调控的概念，但理论界的共识是改革开放以来，中国经历了六轮相对完整的宏观调控。第七轮宏观调控的数据参考了历年《政府工作报告》，后文不再一一列举。

出大大增加，1978 年财政结余 10.1 亿元，而 1979 年财政赤字 207 亿元；四是外贸出现较为严重的赤字。为了满足国内投资需要，大规模引进国外先进技术设备，导致 1979 年外贸逆差 11.4 亿美元；五是消费增长和物价上涨，为提高企业和职工的积极性，政府增发了工资、奖金和补贴，社会购买力快速增长，加剧了供不应求的状况，国家调高了多种产品的价格。1980 年商品零售价格上涨率达 6%，投资和消费增长导致了较为严重的通货膨胀，出现了改革开放以来物价上涨的第一个高峰。

1979 年 3 月，李先念、陈云针对上述现象就财经工作写信给党中央，明确提出国民经济比例失调的情况相当严重，要有两三年的调整时期。同月，中央政治局会议决定，用三年时间进行国民经济调整。1979 年 4 月，专门讨论经济问题的中央工作会议召开，会议正式提出用三年时间对整个国民经济进行调整，实行新八字方针，即调整、改革、整顿、提高（1961 年时提出的八字方针是：调整、巩固、充实、提高）——这是改革开放以来的第一轮宏观调控。1980 年国家计委等部门以计划手段调整了国民经济计划，降低各项经济指标，减少政府和企业的固定资产投资和基本建设项目，以行政手段压缩政府和地方的财政支出，压缩国防经济经费和行政管理费用，以行政手段加强银行的信贷管理，冻结企业存款，向企业推销国库券 48 亿元。这些措施较快地压缩了总需求、遏制了通货膨胀，1981 年商品零售价格上涨率下降为 5.2%，经济增长率回落到 5.2%，国民经济从过热转为稳定增长。

这轮宏观调控是中国党和政府首次在市场化取向的经济转型过程中尝试对经济运行进行干预，国家的经济体制刚刚开始转型，因此带有浓厚的时代特征和计划经济色彩：其一，经济转型的早期，各级政府甚至中央政府各部委之间对宏观调控的认识都存在争议，宏观调控效果还依赖于领导人对宏观调控行为的个人推动。改革开放自身会促进经济增长和通货膨胀，因此，需要宏观经济的综合平衡，但是陈云的思想长期被改革开放派认为是"僵化保守"，在 1979 年、1980 年两年中，从中央到地方对调整的认识并不统一，贯彻执行不力。基建总规模没有退下来，地方和企业财权扩大后盲目上项目，财政大量赤字，货币发行过多。在连续召开中央政治局会议、国务院财经委会议和中央工作会议后，中央政府各部门和地方政府才就调整经济形成了统一的认识，这无疑导致经济过热和通货膨胀错过了最佳的调整时机。1980 年 12 月经济继续过热后，邓小平同志出来讲话，严厉地批判"洋跃进"："1978年12月党的十一届三中全会以后，陈云同志负责财经工作，提出了调整方针，去年4月中央工作会议对此做出了决定。但因全党认识很不一致，也很不深刻，所以执行得很不得力。"❶ 这之后，宏观调控效果才逐步显现。其二，宏观调控由计划经济的国民经济管理体系推动，宏观调控的政府部门以国家计委为核心，财政部和中央银行的政策措施服从和服务于计委调整国民经济计划的需要。其三，宏观调控手段主要是行政手段——通过行政性的财政政策强制控制财政支出，控制固定资产投资规模，通过行政性的货币政策强制控制信贷投放，等等。以行政手段为主的调控在各级政府部门统一思想认识之前步履维艰，而在统一思想之后快速见效，很快抑制了经济过热和通货膨胀，但由于无法协调各方面的利益，没有彻底地解决国民经济运行中的深层次问题，为后来发生政府主导的经济过热埋下了伏笔。

2.1.2 第二轮宏观调控（1985~1986）：短暂的"双紧式"

1982年9月中共十二大召开，在这次会议上明确了从1981年到20世纪末的20年间中国经济建设总的奋斗目标是在不断提高经济效益的前提下，力争使全国工农业年总产值翻两番。1984年9月召开的中共十二届三中全会讨论并通过了《中共中央关于经济体制改革的决定》，扭转了全党在改革思想上不统一的现象，确立了有计划商品经济的改革方向、性质、任务和方针政策。发展目标的确定和改革方向的进一步明确，为中国经济增长释放出了巨大的制度能量，全国各地的地方政府纷纷为"翻两番"大干快上，乡镇企业和个体经济、私营经济和三资企业也开始从无到有逐步发展起来。于是，国民经济进入快速增长的状态：一是经济增长率快速提高，1982年、1983年经济增长率为9.1%和10.9%，1984年达15.2%，1985年经济增长率为13.5%。二是投资需求和消费需求双膨胀，社会总需求超过总供给。相关专业银行在中央银行规定的以1984年的贷款实际发生额作为基数的激励下，在1984年下半年盲目扩张信贷规模，货币供给迅速增加，同时机关和事业单位纷纷突击提高工资、发奖金，加剧了通货膨胀，到1985年通货膨胀率高达8.8%，出现了改革开放以

---

❶ 邓小平文选（第2卷）[M]. 北京：人民出版社，1994：354.

来物价上涨的第二个高峰。

针对经济过热现象，1985 年中央开始了第二轮宏观调控，采取了"双紧式"的政策措施：一是实施从紧的货币政策，中央银行加强了贷款额度的控制，两次上调存贷款利率。二是实施从紧的财政政策，以行政手段控制基本建设规模和国民收入超额分配。"双紧式"的宏观调控思路也导致调整成为制订"七五"计划时考虑的重要内容，1986 年 3 月全国人民代表大会通过了"七五"计划，决定前两年进行调整。"双紧式"的宏观调控很快产生了效果，1986 年经济增长下降到 8.8%，通货膨胀率下降到 6.2%。但是，这一事实被许多人认为是经济滑坡，强烈要求放松银根刺激经济，特别是地方政府无法接受五年计划第一年就出现经济滑坡的现象——这是中国独特的政治经济周期现象（这一政治经济周期现象在中国后来的经济发展历程中反复出现）。因此，1985 ~ 1986 年的宏观调控很难在思想意识上达到中央地方高度统一，效果当然难以到位。另外，在市场经济取向的机制远未建成的历史条件下，实行宏观调控必然过多采用非经济手段，运用行政命令手段抑制 1985 年经济过热产生的问题，带来了"一刀切"，抑制了经济发展的活力，这遭到了主张改革的人士的批评，宏观调控被视为计划经济机制的表现。在这样的压力下，1985 年开始的这一轮宏观调控事实上很快就被迫放弃了，这为下一轮经济过热和宏观调控埋下了伏笔。

2.1.3 第三轮宏观调控（1987 ~ 1991）：基于治理整顿目标

1985 ~ 1986 年短暂的宏观调控结束后，经济运行存在的问题并没有得到解决，于是 1987 年经济继续过热，增长率达到 11.6%，1988 年达到 11.3%。同期改革开放过程正在深入，1987 年党的十三大提出发展社会主义商品经济理论，建立公有制基础上的计划经济与市场调节相结合的经济体制，国民经济的微观经济基础继续发生变化，国有经济占国民经济比重有所下降，公有制经济所创造的工业总产值占全国的比重由 1980 年的 98% 下降为 1990 年的 90.2%。1988 年 5 月，中央政治局常委会决定，用 5 年时间实现价格和工资改革的"闯关"。所谓"价格闯关"，是大多数商品由较低的政府定价转变为较高的市场定价。这不可避免地带来物价迅速上涨的现实，并形成了强烈的价格上涨预期，全社会的价格上涨预期又导致了抢购风潮，最终形成了通货膨胀严重的局面，商品零售价格指数同比上涨 18.5%，创历史新高，出现改革开放以来的第三个物价上涨高峰。同时，随着银根松动，投资猛增，1988 年投资率为 37.4%；经济过热，经济增长率为 11.3%；进口猛增，外贸赤字为 77.5 亿美元。

1988 年 9 月抢购风以后，党中央、国务院布置了宏观调控行动。中国共产党十三届三中全会提出，以后两年改革建设重点放到治理经济环境、整顿经济秩序上来。1989 年 11 月，中共十三届五中全会通过《中共中央关于进一步治理整顿和深化改革的决定》，提出用 3 年或更长一些时间基本完成治理整顿任务，开始采取强硬的宏观调控抑制总需求：严格项目审批等措施压缩投资规模；对重要生产资料实行最高限价；坚持秩序紧缩信贷的方针，中央银行严控信贷规模，一度停止对乡镇企业贷款，并提高存款准备金和利率；坚持执行紧缩财政，解决好国民收入超额分配的问题；大力调整产业结构，增加有效供给，增强经济发展后劲。这些旨在坚决压缩总需求的宏观调控政策措施的实施，迅速地抑制了经济增长和通货膨胀。但是，这是一轮"硬着陆"的宏观调控：1989 年经济增长率降至 4.1%，1990 年经济增长率更迅速下降到 3.8%，而当年商品零售价格指数增长率急剧下降到 2.1%。宏观调控措施快速有效，通货膨胀率急速降低，经济增长速度骤然下降。

这一轮宏观调控实际上是改革开放 10 年以来 3 次调整的总结果，最终是在以强力政治整合后，才得以有效进行。这种政治、人事、理论、经济、法律手段的综合使用，终于结束了 10 年以来屡禁不止、愈演愈烈的经济过热与通货膨胀，宏观调控首次显示了在新旧体制交替过程中的效力。

从操作的角度来看，第三轮宏观调控的优缺点很明显。从优点来看，一是主动运用间接性的财政政策和货币政策进行宏观调控，尝试计划、财政政策和货币政策配合使用，形成了计委、财政部门和中央银行共同调控宏观经济的体系。二是在这一轮宏观调控中，行政手段和经济手段并举，紧缩的货币政策控制信贷和货币投放，紧缩的财政政策控制基本建设规模和国民收入超额分配。以行政手段整顿经济秩序，继续下大气力清理、整顿各种公司，特别是流通领域的公司，克服生产建设流通分配领域的严重混乱现象，严格制止乱涨价。而从缺点来看，这轮宏观调控决策受到急于"价格闯关"的影响，先治理、后闯关的建议被搁置，直到严重通货膨胀发生，抢购风四起时才决心进行调控。

宏观调控的预见性较差导致措施的刚猛，宏观经济"硬着陆"的后遗症明显，经济中出现了商品库存积压严重、企业生产陷入困境、"三角债"蔓延，市场销售疲软等现象，造成经济波动剧烈。

于是，这轮宏观调控也成为理论分歧较为严重的一轮宏观调控。坚持新自由主义学说的人开始公开指责宏观调控是计划经济旧体制的复归，是计划经济原教旨主义，并将这种看法一直保持至今。我国经济理论界从此在达成市场经济的共识前提下，逐渐形成了主张宏观调控和质疑宏观调控的两股思潮。

2.1.4 第四轮宏观调控（1993~1996）：成功实现"软着陆"

1991 年开始，为了解决上一轮宏观调控的后遗症，中央政府实施了中央银行下调存贷款利率、扩大货币供应量和信贷规模等刺激经济增长的宏观政策，经济开始回升。1991 年，经济增长率回升到 9.2%，中国进入新一轮经济周期的上升阶段。1992 年年初，邓小平同志发表重要讲话；下半年，党的十四大召开，"发展是硬道理"成为时代强音，激励了地方政府大力发展经济的热情和干劲，为我国改革开放和现代化建设事业打开了一个新的局面。但由于当时我国改革开放才十来年，原有的计划经济体制还没有根本转型，原有体制下的投资饥渴、急于求成、片面追求高速度等弊端还没有被克服，在建设社会主义市场经济明确成为改革目标的背景下再次发作。1992~1993 年上半年经济生活中出现了四热：房地产热、开发区热、集资热和股票热；五高：高投资膨胀、高工业增长、高货币发行、高信贷投放、高物价上涨；四紧：交通运输紧张、能源紧张、重要原材料紧张、资金紧张；一乱：经济秩序混乱，特别是金融秩序混乱，人民币对美元的黑市汇率贬值到 1∶11。经济增长率高歌猛进的同时物价上涨越来越快：1992 年经济增长 14.2%，物价上涨 5.4%；1993 年经济增长 13.8%，物价上涨 13.2%；1994 年物价上涨达 21.7%，是改革开放以来物价上涨的第四个高峰，成为新中国成立以来物价上涨的最高峰，同时外贸赤字达 679.4 亿美元。

在这种局面下，1993 年 6 月中共中央、国务院出台了《关于当前经济情况和加强宏观调控的意见》，提出 16 条措施。由时任副总理朱镕基亲自兼任中国人民银行行长，采取适度从紧的货币政策和财政政策，以整顿金融秩序为重点，治理通货膨胀，打击以广西北海为代表的房地产泡沫。

在货币政策方面，综合运用了利率、存款准备金率、公开市场业务等市场性货币政策工具进行调控，提高存贷款利率、控制信贷规模、制止乱集资。财政部门清理预算外资金、增收节支，将财政赤字控制在预算之内，发行国库券减少流通中货币量。国家计委削减基建投资，以审核排队的方式严控新开工项目，严格审批和认真清理开发区，停止出台新的价格改革措施，并对部分产品实行直接的价格管制。经过宏观调控，过快增长的投资需求和消费需求得到了有效遏制，价格涨幅显著回落：消费价格指数由 1994 年的 24.1% 分别下降到1995 年和 1996 年的 17.1% 和 8.3%；固定资产投资增长速度下降到 1995 年和1996 年的 17.5% 和 14.8%；经济增长速度则由 1992 年的 14.2%、1993 年的13.5% 回落到 1996 年的 9.6%；通货膨胀率从 1994 年 7 月的 21.6% 回落到1996 年年底的 6.1%。国民经济呈现出高增长、低通胀的良好势头，成功实现了国民经济的"软着陆"。

这次宏观调控的特点：一是改革与调控相结合，财政体制进行了分税制改革，金融体制改革明确了中央银行的地位和任务，实现了政策性银行和商业银行的分离，外汇实现了有管理的浮动汇率制度，初步形成了计委、财政部门和中央银行相互配合进行宏观调控的体系，宏观调控体系逐步走向完善健全。二是在发挥行政手段在控制投资规模和乱涨价方面重要作用的同时，注重运用经济手段和法律手段进行宏观调控，在适度从紧的货币政策和财政政策中，货币政策发挥了主要作用，中央将货币发行控制在预定调控目标之内，有效抑制了通货膨胀。三是决策果断，调控有度。在宏观经济出现过热和通货膨胀时，中央领导层态度一致，能够长期坚持，采取了策略灵活、渐进的"软着陆"的方式果断决策进行宏观调控，及时运用货币政策和财政政策进行调控。在调控过程中，坚持适度从紧、稳中求进的原则，保持了宏观调控政策的连续性和稳定性；既降低了通货膨胀，又保持了经济持续快速和稳定增长。

这次宏观调控是一轮成功的调控，但这次调控延续了上一轮调控中的理论分歧：一批著名的改革开放派经济学家集体出面批评宏观调控是复辟计划经济，并且提出了"经济与价格同步增长论"，说两位数以上的通货膨胀不可怕，两位数以上的经济增长才过瘾。同时，一些地方和企业要求放松银根的呼声也不断。但宏观调控排除了种种干扰，经过三年多的努力，到 1996 年成功地实现了"软着陆"，为抵御随后爆发的亚洲金融危机打下了良好的基础。

2.1.5 第五轮宏观调控（1998～2002）：成功应对亚洲金融危机

1997年，亚洲金融危机爆发。自1929～1933年的大危机和第二次世界大战以来，国际上还没有出现过像亚洲金融危机这么严重的金融危机。国际金融炒家首先以泰国为突破口，一夜之间毁坏了泰国十几年来高速增长的成果。从亚洲"四小虎"到"四小龙"，再到日本，自20世纪50年代中期以来陆续进入高速增长的东亚地区新兴工业化国家大多在危机中损失严重。为了稳定国际金融市场和东南亚国家的信心，中国政府对外郑重承诺人民币不贬值。此举虽然提升了中国的国际形象，有利于国家软实力的提升，但削弱了中国出口商品的价格竞争力，对出口形成冲击，影响了经济增长速度。1997～1999年经济速度连续下滑，为8.8%、7.8%、7.1%。如果与旨在"软着陆"的上一轮调控相连接，这是连续出现7年的下滑，前4年是主动调整，后3年是亚洲金融危机冲击。同时，随着改革的不断深化，在居民消费和支出中，原先属于福利化的部分被市场化：高等教育收费、住房市场化，等等。这导致全社会储蓄倾向的提高，大家要为子女教育、为下岗后的生活、为买房子、为养老而去储蓄。于是，国内经济开始出现有效需求不足的问题，从商品供不应求转向过剩。另外，在国有企业改革成为改革中心环节的背景下，城市就业也发生了就业增长与经济增长的错位现象，就业率出现下降，最终消费率也出现了下降。在国际和国内多重因素的影响下，经济增长速度下降，商品零售价格指数和居民消费价格指数都出现了负增长，通货紧缩的迹象日益明显。

面对经济形势的新变化，党中央、国务院及时进行宏观调控，实施了积极的财政政策和稳健的货币政策，及时运用灵活的经济杠杆，努力扩大内需。宏观调控采取了以发行长期建设国债为主的积极财政政策，并注重货币政策的密切配合。第一，实施积极的财政政策，增加政府支出，发行国债，调整税收。1998～2002年期间累计发行长期建设国债6 600亿元，加之银行配套资金，企业资金用于基础设施和基础产业建设，资金较为充裕，有效地促进了投资的快速增长。积极的财政政策在扩大需求的同时，有效地改善了供给，特别是加强了长期以来制约我国经济发展的基础设施和基础产业，加大了企业技术改造投入，促进了产业结构的优化和升级。第二，实行稳健的货币政策，降低了金融机构存贷款利率水平，开征利息税，运用公开市场业务调节货币供求关系。在加大启动投资需求的同时，还注意启动消费需求，进一步建立健全社会保障制度，提高城镇中低收入者的收入水平，延长节假日，完善消费政策，扩大高校招生，启动住房改革等措施，有效扩大了居民消费。不断改善投资环境，及时提高出口退税率，实施出口市场多元化战略，积极开拓国际市场，有效吸引外资，使对外经济保持稳定发展。经过 5 年调控，我国经济增长速度从 1998 年的 7.8% 逐步提升到 2003 年的 9.1%，而消费价格指数从 1998 年的 0.8% 上升到 2003 年的 1.2%，摆脱了通货紧缩的阴影，经济发展又开始回升。经济增长率保持"七上八下"相对平稳，国民经济进入快速稳定增长期，相对于世界经济，仍旧是非常高的增长速度，可谓"一枝独秀"。

这一轮宏观调控是在宏观调控体系逐渐完善的背景下进行的，国家计委、财政部、中央银行三大部门有机协调，计划调节、财政政策和货币政策形成合力，侧重运用经济手段和法律手段等间接调控手段，及时决策，主动灵活地进行了调控。宏观调控的微观基础也进一步发生了变化，非公有制经济超过公有制经济，在 2000 年的 GDP 构成中，公有制经济的贡献为 45%，非公有制经济的贡献为 55%。因此，这一轮宏观调控进一步积累和丰富了在社会主义市场经济条件下加强经济管理的经验，宏观调控的手段坚决有力而且趋于成熟。

2.1.6　第六轮宏观调控（2003～2008）：社会主义市场经济体制基本形成后的第一轮调控

自 2002 年党的十六大之后，伴随着各地方党委政府的换届，中国经济增长开始新一轮加速。2003 年 11 月召开的中央经济工作会议也指出："目前，我国经济发展正处于经济周期的上升阶段。"于是伴随着中国特色的政治经济周期，国民经济开始出现经济过热现象，GDP 增速在 9% 以上的高位运行。同时，银行贷款和固定资产投资持续增加。为降低局部经济过热，防止出现全面过热，中央政府开始实施新一轮宏观调控：采取了稳健的财政政策和适度从紧的货币政策，并以信贷和土地两道闸门为主要政策抓手。央行多次紧缩银根，土地政策成为宏观调控的重要手段，成为这轮宏观调控中一个很重要的特点。

第六轮宏观调控是一轮在初步完善的社会主义市场经济体制基础上展开的宏观调控，也是新一届中央领导集体实施的第一轮宏观调控，有着鲜明的制度性表现：以十六届三中全会的召开和科学发展观的提出为标志，社会主义市场经济体制基本形成，以公有制为主体、多种所有制经济共同发展的基本经济制度已经确立，以加入世界贸易组织为标志，全方位、宽领域、多层次的对外开放格局基本形成。宏观经济的微观基础形成了公有制经济、民营经济和外资资金三足鼎立的基本格局——2005 年民营经济在 GDP 构成中的比重为 49.7%，外资经济占 15.3%，公有制经济比重为 35%。

这轮调控不是在经济已经全面过热和严重的通货膨胀出现才出手调控，而是在经济进入增长期后，为预防经济的周期性波动及通货膨胀或通货紧缩，而采取的防患于未然的调控。与前几次收缩型宏观调控都是针对经济增长率和通货膨胀率的双高不同，2003 年经济增长率为 9.1%，而同期通货膨胀率仅为 1.2%，可谓高增长、低通胀。中央政府及时抓住了某些部门投资过热、过猛的苗头，在经济增长率尚在适度范围、价格攀升趋势刚刚露头时就及时采取了宏观调控。这一轮宏观调控综合运用了经济手段、法律手段和必要的行政手段，调控效果明显，副作用较少，保护了各方面的利益和积极性，且调控力度适当。以前的调控主要对投资和消费实现力度较大的全面紧缩，容易出现"急刹车"和"一刀切"导致的"硬着陆"，或者因宏观调控不到位而反弹。本次宏观调控从一开始就定为有保有压，因而不仅抑制了过热部门的盲目发展，而且调整了经济结构，继续保持了稳定增长的势头。通过适当的"控速降温"，使经济在适度增长区间既平稳又较快地可持续发展，努力延长经济周期的上升阶段。

当然，本次调控中也有一些新问题出现：一是宏观经济运行的新特点，人民币升值与轨迹收支双顺差并存，人民币对外升值与通货膨胀并存，国内流动性过剩和中小企业贷款难并存，宏观经济持续稳定增长与证券市场急剧波动并存等。二是在这一轮宏观调控中，在中央和地方之间出现了所谓宏观调控的周期和反周期力量，出现了地方博弈中央的现象，宏观调控政策受到了来自地方政府的抵制。一些地方在表面上对宏观调控必要性的认识与中央精神是统一的，但深层次的认识分歧越来越大。在中央政府紧缩银根和地根的同时，一些地方政府不顾客观条件的限制，挖空心思设计"新思路"，大干快上，积极谋求"跨越式"和"超常规"的发展。这些新问题的出现说明，如何在比较完善的社会主义市场经济体制条件下有效地实施宏观调控正在成为新的时代命题。

2.1.7 第七轮宏观调控（2008年至今）：应对世界金融危机

2008年年中，国际金融危机冲击对我国经济影响端倪初显，中央迅速把宏观调控的首要任务从"防止经济增长由偏快转为过热、防止价格由结构性上涨演变为明显通货膨胀"调整为"保持经济平稳较快发展、控制物价过快上涨"，及时调整了宏观经济政策的取向。9月后，国际金融危机迅速蔓延扩散，对我国经济的不利影响明显加重。针对国内外形势的变化，中央果断把宏观调控的着力点转到防止经济增速过快下滑上来，提出要实施积极的财政政策和适度宽松的货币政策，按照出手要快、出拳要重、措施要准、工作要实的要求，迅速出台进一步扩大内需、促进经济平稳较快增长的十项措施。12月初，中央经济工作会议进一步提出，把保持经济平稳较快发展作为2009年经济工作的首要任务。之后，陆续制定一系列政策措施，很快形成并全面实施有效应对国际金融危机冲击的一揽子计划。一揽子计划内涵丰富，是一个把促进经济增长、调整经济结构和保障改善民生相统一的政策体系，共有四大支柱。一是大规模增加政府支出和实行结构性减税。实施两年新增4万亿元的投资计划是其中一个重要组成部分，核心是新增中央投资1.18万亿元，实际执行结果是新增1.26万亿元，主要用于保障性安居工程、农村民生工程、基础设施、社会事业、生态环保、自主创新等方面建设和灾后恢复重建。二是大范围实施重点产业调整振兴规划，制定实施了十大产业振兴规划（包括汽车、钢铁、船舶、石化、轻工、纺织、有色金属、装备制造、电子信息、物流）。三是大力推进自主创新和加强科技支撑。四是大力保障和改善民生。

在国际金融危机冲击最严重时，果断实施积极的财政政策和适度宽松的货币政策，为顺利实施一揽子计划提供了重要的资金保障和政策支撑，有效提振了市场信心。2009年年中，针对信贷投放较多较快的问题，及时加以纠正；同时提出，在经济企稳向好的关键时期，要保持政策的连续性和稳定性，增强宏观调控的针对性、有效性和可持续性。下半年，更加注重把促进经济增长与调整结构结合起来，着手研究培育新的经济增长点，研究部署促进中小企业发展的政策措施，出台抑制部分行业产能过剩和重复建设的政策，引导产业健康发展。随着经济回升向好，2009年第四季度明确提出把处理好保持经济平稳较快发展、调整经济结构和管理通胀预期的关系作为宏观调控的核心，推动经济由政策刺激向内生增长转变。2010 年，在稳定政策的主基调下，及时调整政策力度，提高政策的灵活性，进一步巩固和发展经济回升向好势头。2010 年 4 月初，重启三年期央票发行，6 月进一步推进人民币汇率形成机制改革，全年 6 次上调存款准备金率共 3 个百分点，两次上调存贷款基准利率共 0.5 个百分点。2010 年第四季度明确提出实施积极的财政政策和稳健的货币政策，在全球较早实行刺激政策的退出，平稳实现了由非常条件下的非常措施向正常状态有序过渡。2011 年，全球经济复苏势头减弱与通胀压力加大并存，物价上涨较快成为我国经济运行中的突出矛盾。宏观调控把稳定物价总水平作为首要任务，坚持多措并举、综合施策。合理运用货币政策工具，包括 6 次上调存款准备金率共 3 个百分点、3 次上调存贷款基准利率共 0.75 个百分点等，引导货币信贷增长向常态回归；同时大力发展生产，保障供给，搞活流通，加强监管。居民消费价格指数、工业生产者出厂价格指数涨幅从 2011 年 8 月起逐月回落，遏制了一度出现的物价过快上涨势头。2011 年下半年，世界经济不稳定性、不确定性上升，国内经济运行出现一些新情况、新问题。宏观调控一方面坚持基本取向不变，保持政策基本稳定，继续控制通货膨胀；另一方面适时适度预调微调，暂停发行三年期央票，下调存款准备金率 0.5 个百分点，加强信贷政策与产业政策的协调配合，加大结构性减税力度，重点支持实体经济特别是小型微型企业，重点支持民生工程特别是保障性安居工程，重点保证国家重大在建、续建项目的资金需要，有针对性地解决经济运行中的突出困难和矛盾。

2012 年，在世界各大经济体增长全面减速、各种风险不断暴露的情况下，我国经济发展面临的困难明显增大，出口增速大幅下降，经济下行压力加大。5 月明确提出要把稳增长放在更加重要的位置，加大预调微调力度，集中部署了一系列稳增长的政策措施，主要包括：在保持财政预算支出规模不变的条件下，合理加快财政支出进度，优化支出结构，加大结构性减税力度；发挥货币政策逆周期调节作用，两次降低存款准备金率和存贷款基准利率，扩大利率特别是贷款利率浮动区间；出台"新 36 条"及 42 项实施细则，鼓励民间投资；出台实施促进外贸稳定增长的政策措施等。经过不懈努力，扭转了经济增速连续 7 个季度下滑的趋势，第四季度经济增速回升到 7.9%，实现了全年社会经济发展目标。

这一轮宏观调控的特点之一是大力实施扩大内需的战略方针。在应对国际金融危机冲击中，各项政策的立足点始终放到全面扩大国内需求上。一方面，重点扩大消费需求，构建长效机制。主要包括千方百计增加城乡居民收入，增强居民特别是低收入居民消费能力；全面推进社会保障体系建设，积极改善居民消费预期；培育和扩大汽车、家电等消费热点；大力优化消费环境等。消费快速增长，结构加快升级。另一方面，大力优化投资结构，提高投资质量和效益。政府投资尤其是中央预算内投资向"三农"、重点民生领域、基础设施和经济社会发展薄弱环节倾斜，向中西部地区、革命老区、民族地区、边疆地区和贫困地区倾斜，形成了一大批支撑未来发展的优质资产。发挥政府投资"四两拨千斤"的作用，引导带动社会投资，放宽市场准入，有力地调动了民间投资的积极性。2012 年，民间投资增长 24.8%，占全部投资的比重为61.4%，较 2007 年提高 8.9 个百分点。

特点之二是毫不放松稳外需。国务院先后 4 次召开常务会议研究进出口工作，5 次出台支持进出口发展的政策措施，7 次上调出口退税率，实施市场多元化战略和以质取胜战略，采取符合国际惯例的方式支持出口企业，鼓励增加进口，促进进出口平衡发展。五年进出口总额年均增长 12.2%，从世界第三位提升到第二位，其中出口跃居世界第一位，国际市场份额比 2007 年提高 2个多百分点，进出口结构优化，贸易大国地位进一步巩固。

特点之三是地方政府积极参与。一反上一轮宏观调控中地方政府与中央的博弈态势，地方政府积极投入到刺激市场保增长的进程中。这一次由于各地区的房地产市场首先进入低迷，因此，地方政府走在中央政府前面开始刺激市场。在 2008 年 10 月前后，全国曾经先后有 18 个地区的地方政府在中央政府尚未发表意见之前就纷纷以减税、推行货币补贴及降低准入门槛等一系列积极的利好政策"救市"，以期房地产市场重回健康的轨道。

2.2 理解宏观调控：源于中国经济转型实践的概念认知

2.2.1 西方经典经济理论中没有宏观调控的概念

如何在理论上认知中国已经长达三十多年、历经七个轮回的宏观调控实践和宏观调控概念？无论是对中国特色社会主义市场经济理论的发展，还是对更具有普遍意义的经济学本身，这都是一个值得探讨的理论命题。

鉴于宏观调控是政府对市场经济的干预行为，而市场经济的基本理论源于西方经济学理论，我们首先将目光投向西方经济学理论。但遗憾的是，西方经济学理论中没有宏观调控的概念，只有宏观经济学和宏观经济政策的概念。考察西方经济思想史，尽管关于宏观经济的一些理论观点早在 17 世纪中叶就已经出现了——熊彼特认为早期宏观经济学说发展的线索始于威廉·配第，❶ 厉以宁也曾经提出可以"把英国古典政治经济学家威廉·配第看成是宏观经济问题的最早研究者"❷；但"宏观经济学"这一概念最早却是由挪威经济学家拉格尔·弗瑞希在 1933 年提出的，而宏观经济理论框架的基本建立则以 1936年英国经济学家凯恩斯《就业、利息和货币通论》的出版为标志。此后，宏观经济学进入西方经济学主流的研究视野，财政政策和货币政策也逐渐成为西方国家调节经济的重要手段。然而，在西方经济学的研究文献和经济学辞典当中始终没有出现宏观调控这个概念，经济学家们只是运用宏观经济政策这个概念来描述政府在宏观上对市场经济进行干预的实践。萨缪尔森在其著名的《经济学》中关于宏观经济政策工具和目标的表述就是一个真实写照。萨缪尔森认为，在现代市场经济中，政府的经济职能在于提高效率、增进平等和促进宏观经济的稳定和增长，同时减少失业和降低通货膨胀，政府依赖于税收、支出和货币管制等政策工具以实现上述目标。❸

另外，从语言学的角度来看，宏观调控在西方经济学理论中也没有对应的概念。❹ 我国理论界和官方媒体的很多文献在中英文对照版本中或者将宏观调控译为 Macro–regulation and control，regulation 中文含义为规制或管制，然而西方经济学理论中所讲的规制一般指对微观行为的行政规定和约束，用 macro 修饰 regulation，逻辑上不通；或者译为 Macro–control，还有 Macro–adjustment and control，但是西方经济学理论中并没有类似的表述。

---

❶ 熊彼特. 经济分析史（第一卷）[M]. 北京：商务印书馆，2001.
❷ 厉以宁. 宏观经济学的产生和发展 [M]. 长沙：湖南出版社，1997.
❸ 萨缪尔森，诺德豪斯. 经济学（第 14 版）[M]. 北京：北京经济学院出版社，1996：73.
❹ 刘瑞. 宏观调控的定位、依据、主客体关系及法理基础 [J]. 经济理论与经济管理，2006
(5)：20.

在西方经济学理论中我们找不到宏观调控的影子，但是在中国经济转型的实践中我们却能清晰地看到宏观调控这个概念从形成到完善的发展脉络。与理论界围绕这一概念的争论相对照，这一发展脉络的逻辑链条是清晰的。

2.2.2　中国经济转型过程中宏观调控概念形成和发展的逻辑链条

根据刘瑞（2006）所做的历史文献考证，❶ 在中国经济的转型过程中，宏观调控概念的形成经历了宏观调节—宏观控制—宏观调控的发展链条。宏观调节的最早正式提出是在 1984 年 10 月 20 日中共中央十二届三中全会发表的《中共中央关于经济体制改革的决定》中。该文件指出："越是搞活经济，越要重视宏观调节，越要善于在及时掌握经济动态的基础上综合运用价格、税收、信贷等经济杠杆，以利于调节社会供应总量和需求总量、积累和消费等重大比例关系，调节财力、物力和人力的流向，调节产业结构和生产力的布局，调节市场供求，调节对外经济往来，等等。"1985 年 8 月 13 日，针对当时全国固定资产投资规模不断膨胀的情况，《人民日报》发表题为《瞻前顾后、统筹安排》的社论，指出："出现这种现象的主要原因，在于一些同志较多地重视微观放活，而在一定程度上忽视了贯彻党中央、国务院关于加强宏观控制的指示。"这是宏观控制首次正式出现在公开报刊上。20 世纪 80 年代末我国经历了一次严重的经济过热和通货膨胀，中央决定进行经济调整，治理经济环境。1988 年 9 月 26 日，时任中共中央总书记的赵紫阳在十三届三中全会所做的报告中指出："这次治理经济环境、整顿经济秩序，必须同加强和改善新旧体制转换时期的宏观调控结合起来。"他强调："必须综合运用经济的、行政的、法律的、纪律的和思想政治工作的手段，五管齐下，进行宏观调控。"1988 年 10 月 11 日，时任国务院总理的李鹏在国务院全体会议上的讲话进一步指出："在治理环境、整顿秩序的过程中，加强各级政府对经济的宏观调控，逐步建立完整的宏观调控体系，这本身就是改革的内容。在治理经济环境和整顿经济秩序当中，我们将更多地利用银行、税收、海关等经济调节手段，充分

---

❶ 刘瑞. 宏观调控的定位、依据、主客体关系及法理基础 [J]. 经济理论与经济管理，2006 (5)：18.

发挥各种法律、法规、条例的法治作用，同时也要使用一些必要的行政手段。"❶ 李鹏的讲话无疑是对宏观调控初期性质的进一步明确，并对宏观调控所应用的手段做了进一步说明。从此以后，宏观调控在中国开始成为耳熟能详的概念。到 1993 年 11 月 14 日，中共十四届三中全会发表了《中共中央关于建立社会主义市场经济体制若干问题的决定》，中国党和政府关于宏观调控的论述形成了相对比较完整的认识。该文件首先对宏观调控的制度性特征进行了概括，指出："社会主义市场经济体制是同社会主义基本制度结合在一起的。建立社会主义市场经济体制，就是要使市场在国家宏观调控下对资源配置起基础性作用。"该文件还论述了宏观调控的任务，指出："社会主义市场经济必须有健全的宏观调控体系"；宏观调控的主要任务是"保持经济总量的基本平衡，促进经济结构的优化，引导国民经济持续、快速、健康发展，推动社会全面进步。宏观调控主要采取经济办法，近期要在财税、金融、投资和计划体制的改革方面迈出重大步伐，建立计划、金融、财政之间相互配合和制约的机制，加强对经济运行的综合协调。计划提出国民经济和社会发展的目标、任务，以及需要配套实施的经济政策；中央银行以稳定币值为首要目标，调节货币供应总量，并保持国际收支平衡；财政运用预算和税收手段，着重调节经济结构和社会分配。运用货币政策与财政政策，调节社会总需求与总供给的基本平衡，并与产业政策相配合，促进国民经济和社会的协调发展。"

基于西方经济学理论中宏观调控概念的缺失，以及宏观调控在中国经历了宏观调节—宏观控制—宏观调控这样一个概念发展的逻辑链条，本研究对宏观调控概念特色论的观点基本认可——宏观调控是改革开放后在中国市场化转型的过程提出的一个新的经济概念，是中国党和政府以及理论界对中国社会主义市场经济管理实践的经验总结与概念创造。进一步，考察中国党和政府在改革开放初期关于宏观调控的重要文献，我们可以从中观察到宏观调控最初的一个理论框架。

第一，中国党和政府提出宏观调控是同治理经济环境、整顿经济秩序结合在一起的。换言之，宏观调控作为一种经济调节手段，是针对经济秩序与经济环境中的问题而出现的，而这些问题是中国开始了市场经济取向的经济转型之

---

❶ 中共中央文献研究室. 十三大以来重要文献选编（上）[G]. 北京：人民出版社，1991：300.

后出现的，与中国党和政府以前在传统计划经济体制下面对的问题和矛盾根本不同。因此，宏观调控的出现具有时代的特殊性，至少从时间逻辑上来看，它是中国经济转型的特殊产物。

第二，宏观调控不但具有总量调控的功能，也具有结构调整功能，而且后者还颇受重视。从这一点来看，宏观调控已经完全不同于西方主流宏观经济学当中单纯针对总量进行调节的宏观经济政策。

第三，宏观调控的主体具有多元性，中央政府和地方政府共同构成了宏观调控的主体，从上自下形成完整体系是宏观调控改革发展的方向。也正是在这样的认识基础上，在 20 世纪 90 年代初期，理论界出现了研究省级宏观调控的一个小高潮。

第四，宏观调控的手段具有多样性，以间接手段为主，强调经济、法律和行政等手段的综合运用。但是宏观调控中强调不放弃对计划手段和行政手段的使用，又使得它不同于西方主流宏观经济学当中强调运用间接手段的宏观经济政策。

在初步认识的基础上，中共十四大特别是 1993 年中共十四届三中全会以后，中国党和政府对宏观调控的认识不断深入，宏观调控概念的理论框架更加完备、清晰。

（1）对宏观调控的制度性特征给予了进一步的强调和明确，将其视为社会主义市场经济的根本特征之一，将建立健全运行良好的宏观调控体系列为健全与完善社会主义市场经济体制框架的重要内容。于是我们看到，中共十四大报告提出："我们要建立的社会主义市场经济体制，就是要使市场在社会主义国家宏观调控下对资源配置起基础性作用"；中共十五大报告提出："充分发挥市场机制作用，健全宏观调控体系"；十六大报告提出："健全现代市场体系，加强和完善宏观调控"；十六届三中全会在《中共中央关于完善社会主义市场经济体制若干问题的决定》提出："按照统筹城乡发展、统筹区域发展、统筹经济社会发展、统筹人与自然和谐发展、统筹国内发展和对外开放的要求，更大程度地发挥市场在资源配置中的基础性作用，增强企业活力和竞争力，健全国家宏观调控，完善政府社会管理和公共服务职能，为全面建设小康社会提供强有力的体制保障"；中共十七大报告提出："深化财税、金融等体制改革，完善宏观调控体系"。在 2004 年 3 月 14 日第十届全国人民代表大会第二次会议通过的《中华人民共和国宪法修正案》中第十五条规定：国家实行社会主义市场经济。国家加强经济立法，完善宏观调控。国家依法禁止任何组织或者个人扰乱社会经济秩序。这是从宪政的高度对宏观调控的制度性特征进行的明确。

（2）对宏观调控承担结构调整任务的基本认识更加坚定。随着经济波动形式的差异，尽管各个历史时期对宏观调控承担结构调整功能的强调有不同表达方式，但其触及经济结构的方向一直延续。如1996年中央政府工作报告中提到："要继续加强和改善宏观经济调控。保持合理的固定资产投资规模和在建规模，加大投资结构调整力度，提高投资效益。"其中，宏观调控的目的是力争通过调整投资结构提高经济效益，投资结构调整同时也是对产业结构的调整。1997年党的十五大报告则提出"宏观调控的主要任务，是保持经济总量平衡，抑制通货膨胀，促进重大经济结构优化，实现经济稳定增长。"十五大报告的这种提法说明：在宏观调控的视野中，结构调整功能不断强化，宏观调控对结构调整的好坏直接关系到经济是否稳定增长。2002年中共十六大报告虽然没有强调结构调整是宏观调控的任务，提出"要把促进经济增长，增加就业，稳定物价，保持国际收支平衡作为宏观调控的主要目标"，但"主要目标"这样的措辞并没有将结构调整从宏观调控的视野中剔除出去。接下来，2003年开始的宏观调控不但将结构调整和投资结构联系到一起，而且关注到了地区结构，如当年政府工作报告提到"在长期建设国债资金使用中，重点支持基础设施建设，并同推进产业结构调整、企业技术改造、科技教育发展和生态环境建设结合起来，注意向中西部地区倾斜"。2003年中共十六届三中全会提出了"以人为本，全面协调可持续"的科学发展观，提出了五个统筹，更是空前强调了中国经济社会发展面临的结构性问题的严重性。

（3）关于宏观调控手段的认识逐渐成熟。1989年的中央政府工作报告再次强调了宏观调控手段还应包括纪律和思想政治工作这两种："在治理整顿期间加强宏观调控，要综合运用经济的、行政的、法律的、纪律的和思想政治工作的手段，五管齐下，特别要注意更多地采取经济手段。"这以后中央对宏观调控主要手段的认识又回归经济、法律和行政这三种手段，并形成了将经济与法律作为宏观调控的最主要手段，但同时也强调了行政手段和其他政策手段相辅助的必要性的基本认识。例如，1993年6月24日《中共中央、国务院关于当前经济情况和加强宏观调控的意见》中指出："主要运用经济办法,也要采取必要的行政手段和组织措施。要强化间接调控,更多地采取经济手段、经济政策和经济立法。"十五大报告提出:"宏观调控主要运用经济手段和法律手段。"1998年,中央政府工作报告提出:"社会主义市场经济条件下的宏观调控,不同于计划经济体制下那种对企业生产经营活动的直接干预,必须按照市场经济规律,主要运用经济手段和法律手段,辅之以必要的行政手段,对国民经济进行合理的调节。"2008年,中央政府工作报告则强调:"要加强和改善宏观调控,坚持主要运用经济手段、法律手段,发挥各种政策的组合效应"。其中,关于经济手段,强调了规划、财政政策和货币政策的统筹协调。十六大报告提出要"完善国家计划和财政政策、货币政策等相互配合的宏观调控体系,发挥经济杠杆的调节作用"。十六届三中全会提出:"健全国家计划和财政政策、货币政策等相互配合的宏观调控体系。国家计划明确的宏观调控目标和总体要求,是制定财政政策和货币政策的主要依据。财政政策要在促进经济增长、优化结构和调节收入方面发挥重要功能,完善财政政策的有效实施方式。货币政策要在保持币值稳定和总量平衡方面发挥重要作用,健全货币政策的传导机制。"在"十一五计划"改为"十一五规划"的背景下,十七大报告提出要"完善国家规划体系,发挥国家发展规划、计划、产业政策在宏观调控中的导向作用,综合运用财政、货币政策,提高宏观调控水平"。

(4)强调宏观调控对经济长期稳定增长的重要作用。中国党和政府非常强调宏观调控对经济长期稳定增长的重要作用。例如,2003年中央政府工作报告提出"宏观调控要着眼于保持经济稳定较快增长";2004年中央政府工作报告提出"搞好宏观调控,既要保持宏观经济政策的连续性和稳定性,又要根据经济形势发展变化,适时适度调整政策实施的力度和重点"。中央政府将宏观调控作为保持经济长期稳定增长的重要手段,说明宏观调控已经成为中国政府管理国民经济运行的重要方式。

(5)中央政府作为唯一的宏观调控主体被明确。在改革开放初期,随着以分权为导向的改革进程逐步发展,中央政府曾经认为地方政府也是宏观调控的主体,在理论界也有很多学者在研究地方政府特别是省级政府如何进行宏观调控的课题。伴随着经济转型过程中地方保护主义现象的出现及其带来的其他问题,中央开始强调宏观调控权力集中在中央的观点,宏观调控的主体也被明确为中央政府这一唯一主体。例如，1993 年中央政府工作报告指出："各个部门和地方办事都要量力而行，从经济发展的大局出发，支持和服从国家的宏观调控，及时发现和解决经济生活中出现的困难和问题，保证整个国民经济健康发展。"1993 年 6 月 24 日《中共中央、国务院关于当前经济情况和加强宏观调控的意见》中进一步强调"各地区、各部门都要从大局出发，加强组织纪律性，做到令行禁止，坚决维护中央对全国宏观经济调控的统一性、权威性和有效性。"随即，1995 年中共十四届五中全会会议文件中又再次强调："宏观调控权必须集中在中央，要维护中央政策的权威，中央在制定政策时要充分考虑地方特点和利益。地方要自觉服从和顾全大局，遵循国家统一政策，正确运用国家赋予的必要权力，调节好本地区经济活动，促进区域经济和社会发展。"

结合改革开放以来中国党和政府对宏观调控认识的发展情况，结合理论界的一些观点和争论，结合经济思想史的情况，我们从中能够看到一个关于宏观调控认知的概念和理论框架。

第一，从概念的来源看，宏观调控是改革开放后在中国从传统计划经济向社会主义市场经济转型后出现的经济现象，是中国经济转型的现实产物。因此，宏观调控作为一个经济学概念，是具有中国特色的社会主义市场经济建设实践的理论产物。它不是从观念中生发出来的抽象概念，而是在回应中国自 1978 年开始的改革开放实践中产生出来的问题时提出来的概念，是一个基于中国经济的现实，在现代经济理论指导下形成的具有中国特色的经济学概念。

第二，从概念的内涵看，宏观调控是中国政府根据对国民经济运行形势的基本判断，审时度势而采取的强力干预市场经济运行的特殊行动。因此在理论上，宏观调控属于政府干预市场经济运行的范畴，属于政府和市场经济关系的研究范畴。但是，宏观调控是中国经济转型过程中，政府针对出现的一些新问题而采取的干预行动，这些新问题是计划经济时期所未有的，也是西方国家市场经济实践中没有的，从而形成了中国特色的操作性和功能性。从操作性和功能性的角度来看，经过长期的探索和实践，宏观调控形成了一元化的调控主体—二元化的调控任务—多元化的手段体系这三位一体的操作—功能框架。所谓一元化调控的主体，是指宏观调控的主体是中央政府，地方政府的经济管理权限仅限于管理调节地方经济的发展。所谓二元化的调控任务，是指宏观调控的任务既包括总量调节，也包括结构调整。所谓多元化的手段体系，是指宏观调控的手段包括经济手段、法律手段和行政手段等其他必要的手段。其中，对于经济手段而言，既包括财政政策、货币政策，也包括规划，而且强调规划与财政政策、货币政策的协调运用。

从上述认知框架看，宏观调控尽管是市场化转型过程中出现的政府干预市场经济运行的行为，但显然不能将宏观调控混同于政府干预。宏观调控作为一项国民经济管理行动，在一定程度上反映了市场经济的共性，属于政府对市场的干预，但政府干预是与自由市场相对应的概念，代表政府全面的经济职能或政府全面的经济作用。20世纪30年代资本主义世界发生大萧条后，英国经济学家凯恩斯于1936年发表了《就业、利息和货币通论》，带来西方经济学理论所谓的"凯恩斯革命"。从此，西方宏观经济理论与实践中有了政府干预的术语，但政府干预的范围显然不仅仅局限于凯恩斯的宏观干预理论。政府干预的目标和宗旨在于弥补市场失灵，促进经济活动的效率、公平和稳定。从内容上说，"政府干预包含了政府对契约自由的一切干预，以及政府在很大程度上等同于重新分配利益和好处而修正法律规定的政策"。❶ 从具体实践的角度来看，政府干预一般包含宏观干预与微观规制两个方面，而宏观调控的侧重点显然在宏观干预方面。

与宏观调控的上述认知框架比较接近的概念是宏观经济政策，但问题在于，无论是目标选择，还是手段，我们都无法将宏观调控简单地等同于西方经济学语境中的宏观经济政策。萨缪尔森在其著名的《经济学》（第14版）中曾经对宏观经济政策的目标和工具选择（政策手段）做出如表5所示的说明。从中可以看到，中国特色的宏观经济政策实践与概念——宏观调控与经典的宏观经济政策概念之间存在的明显差异。正是这种现象差异导致了中国的宏观调控实践受到了众多学者的质疑，导致理论界对宏观调控概念的共识难以形成。这些质疑主要集中在三个问题上：其一，在成熟市场经济基础上形成的西方主流经济学理论中，宏观经济政策属于总量控制，追求的经济均衡属于总量平衡，宏观调控将结构优化始终作为追求的目标，这种结构性的目标选择是否合理？其二，宏观调控是市场经济条件下政府对市场经济的宏观管理措施，计划（规划）作为传统计划经济的政府经济管理手段是否应该退出，中国宏观调控

---

❶ 格罗塞尔，等.德意志联邦共和国经济政策及实践［M］.上海：上海翻译出版公司，1992.

强调规划和财政政策、货币政策的协调是否合理？其三，市场经济是市场在资源配置中发挥基础性作用的经济体制，政府对市场的干预应该是间接的，直接干预市场主体的行政手段是传统计划经济所广泛运用的，中国宏观调控强调不放弃使用必要的行政手段是否合理？是不是开历史倒车？

表5　萨缪尔森视野中的宏观经济政策

宏观经济政策目标	宏观经济政策工具
产出：高水平、高增长率	财政政策：政府开支、税收
就业：高就业水平、低非自愿失业	货币政策：控制影响利率的货币供应量
价格水平稳定并保持自由市场	对外经济政策：贸易政策、汇率干预
国际贸易：进出口平衡、汇率稳定	收入政策：从自愿的工资—价格指导到强制性控制

资料来源：萨缪尔森，诺德豪斯. 经济学（第14版）[M]. 北京：北京经济学院出版社，1996：735.

　　综上所述，作为源于中国经济转型实践的特有概念，宏观调控有若干个逻辑要点是无法在西方经济学研究的主流理论中得到合理性解释的。这充分说明，中国的宏观调控与西方市场经济国家的宏观经济政策、宏观经济管理存在重大差别。进一步，如果我们能够对这些存在"疑问"的逻辑要点做出说明，在理论上给出合理解释，不但对探讨本研究的选题有理论基础的意义，更有助于全面理解中国特色的社会主义市场经济。

2.2.3　理解宏观调控：一个具有中国特色的理论分析框架

　　长期以来，在社会科学的研究中，寻求"中国学术的主体性"是相当一批研究者矢志不移的追求。经济学的研究也不例外，探讨经济发展的中国模式，构建中国经济学理论体系成为很多研究者的努力方向。就宏观调控而言，基于前文对宏观调控历史过程的回顾和关于宏观调控概念的来源，宏观调控的内涵，即宏观调控的目标、手段等问题的讨论，中国的宏观调控是颇具中国特色的政府行为，是源于中国经济实践的概念总结。中国的宏观调控是中央政府根据对国民经济运行形势的基本判断，审时度势而采取的强力干预经济的特殊行动，是中国特色的国民经济管理行为，既不同于政府干预，也不完全等同于宏观经济政策。从理论建构的视角观察，中国宏观调控是一个具有中国特色的理论分析框架。

　　第一，中国宏观调控概念的形成呈现出独特的认知路径。不论对宏观调控概念持有怎样的观点，一个事实是无法否认的。即，尽管市场经济的理论源于西方经济学理论，但西方经济学理论中没有宏观调控的概念，只有宏观经济学、政府干预和宏观经济政策的概念；而在中国经济从传统计划经济体制向社会主义市场经济体制转型的历史实践当中，宏观调控概念的形成经历了宏观调节—宏观控制—宏观调控的发展链条——中国的宏观调控是改革开放后在中国市场化转型的过程中出现的经济现象，是中国经济的特有现象，是中国政府针对经济转型过程中出现的一些新问题而采取的干预行动。这些新问题是传统计划经济时期所未有的，也是西方国家市场经济实践中没有的，无论目标和任务以及手段，都具有明显的中国特色——宏观调控作为一个经济学概念是具有中国特色的社会主义市场经济建设实践的理论产物，是基于中国经济现实的理论总结。

第二，中国的宏观调控行为植根于中国社会独特的经济社会文化环境中，一条中国式的经济、政治、文化线索决定了宏观调控通过目标和手段体系表现出来的特殊内涵。首先，从经济层面而言，由于中国经济和社会发展的多样性和不平衡性，中国经济面临众多的结构矛盾和利益冲突，需要在宏观层面上予以协调，因此，单纯针对总量的宏观经济政策，无论是基于凯恩斯主义或新凯恩斯主义都是远远不够的，宏观调控必须强调结构性目标。事实上，科学发展观和"五个统筹"的提出，正是对中国不平衡发展和结构性问题的强调。其次，在政治和文化方面，中国作为一个拥有古老文明传统的东方国家在市场经济条件下政府干预经济方面有其特殊逻辑。在中国，党和中央政府除了达到一般意义上的经济目标以外，还需维护国家的统一、中央集权体制的生存和延续，而市场经济带来的是分权和竞争，所以党和政府必须在宏观上对任何影响到国民经济整体发展的因素和问题进行调节和控制，特别是控制。于是，宏观调控不仅能够发挥西方主流宏观经济理论中强调的政府对市场的间接影响作用，更有直接影响的能力。国家的统一和中央的集权是中国独特的政治和文化传统，在将近5000年的文明史中，自夏朝开始形成比较集中统一的政权后就一直延续下来，并成为中国式政治的核心要素。"大一统"的信念以圣人之言的形式注入了中国人的精神深处——梁惠王曾经问孟子："天下恶乎定？"孟子回答说："定于一。"（《孟子·梁惠王章句上》）其含义即是天下只有归于大一统才会安定下来。不独儒家，墨家的代表人物也认为："乡长唯能一同乡之义，是以乡治也。……国君唯能一同国之义，是以国治也。……天下唯能一同天下之义，是以天下治也。"（《墨子·尚同》）正如辛向阳在《大国诸侯：中国中央与地方关系之结》中指出的那样，"一个强有力的中央权威的存在，是保持中国社会稳定性、连续性、统一性、前进性的基石""分裂国家，在中国历史上是最大的禁忌""在中国的政治角斗场上，只有爱国者才是赢家"。❶ 美籍华裔文化学者孙隆基也从中国文化的角度对此进行了具有典型性的评价，他在《中国文化的深层结构》中指出，"与中央保持一致是中国文化深层结构中的一条不因时、地、政治立场而异的'立法规则'……深深地植根在中国人的意识当中"。❷ 中国共产党作为中国国民经济和社会发展的领导力量，必然要遵循中国政治和文化的传统。另外，中国共产党民主集中制的组织原则当然也会对经济生活中的组织原则发生重要的影响，党中央对国民经济社会发展的调节和控制是一种必然。政治和文化的逻辑线索给宏观调控带来了多元化的手段体系——宏观调控的手段包括经济手段、法律手段和行政手段等其他必要的手段。关于行政手段，需要强调的是，绝非中国党和政府的文件强调其存在就能将其理所当然地视为必要。作为上层建筑的表现形式之一，它存在的必要性是中国的社会主义市场经济作为一种经济模式的经济基础决定了的。不管人们承认不承认，中国的社会主义市场经济属于政府主导型的市场经济，它诞生于东方传统文化土壤，坚持了不同于西方个人主义至上的整体主义理念，强调了政府与民间的合作精神，强调了政府在社会经济发展中不可替代的作用。显然，政府主导型的市场经济，政府对资源的配置有很大的影响力，行政手段的存在有着必然性，特别是在高一级政府约束、规范低一级政府行为的场合。于是，正如我们前文所分析的，在社会主义初级阶段，发挥地方政府推动经济增长的积极性是不可或缺的，因此由地方政府行为引发的经济过热现象变得不可避免，对这一问题的治理为行政手段发挥作用提供了土壤和空间。

关于东方社会文化环境的特殊性以及其对宏观调控的影响，基于文化的影响力，是绝不能被忽略的。"文化"是一个最为普通，也最复杂的概念。1871年，英国文化人类学家爱德华·泰勒在《原始文化》中首次对文化作了一个

---

❶ 辛向阳. 大国诸侯——中国中央与地方关系之结 [M]. 北京：中国社会出版社，2008：8.

❷ 孙隆基. 中国文化的深层结构 [M]. 桂林：广西师范大学出版社，2004：215.

全方位的解释，他指出："文化，或文明，就其广泛的民族学意义来说，是包括全部的知识、信仰、艺术、道德、法律、风俗以及作为社会成员的人所掌握和接受的任何其他的才能和习惯的复合体。"❶ 此后，关于文化的概念界定，学者们各执一词，莫衷一是。1952 年，美国人类学家克鲁伯和克拉克洪在《文化：关于概念和定义的检讨》中，列举了 164 种定义；殷海光在《中国文化展望》中列举了 47 种定义。美国学者克利福德·格尔茨对理论界关于文化的解释进行了归纳整理，将文化归结为由一些人自己编织的意义之网。它包括以下内容❷：①一个民族的生活方式的总和；②个人从群体那里得到的社会遗产；③一种思维、情感和信仰的方式；④一种对行为的抽象；⑤一种关于一群人的实际行为方式的理论；⑥一个汇集了学识的宝库；⑦一组对反复出现问题的标准化认识取向；⑧习得行为；⑨一种对行为进行规范性调控的机制；⑩一套调整与外界环境及他人关系的技术；⑪一种历史的积淀物；等等。我国也有学者对文化的概念进行了总结，认为对于文化概念大致应从 5 个方面来界定❸：①文化即知识。这是关于文化最为常用，当然也是最狭义的表述，或者说是文化的日常语义，如称某人为"文化人"其实是说此人有知识；②文化是以知识为载体的思想、观念、精神、价值观等内容，这一定义不仅包括作为人认识成果的知识，还包括人从事知识创造活动的精神世界的内容；③文化是由一定的风俗、习惯、观念和规范形成的某一群体的生活方式或行为模式；④文化是指人类社会实践过程中所创造的物质财富和精神财富的总和；⑤文化是人创造物质文明和精神文明的同时，精神文明对人本身的影响和塑造过程，即精神力量对人的教化过程。对上述解释进行分析，我们不难发现，文化的本质含义表现为两个层次：一个层次是一定人群的生活方式；另一个层次是精神文明以及精神文明对人的影响和教化。这两个层次与语义学角度关于文化的解释也基本相符。在中文中，文化一词在中国最早源于《易经》："观乎天文，以察时变；观乎人文，以化成天下。"完整的"文化"最早出现于刘向《说苑·指武篇》："圣人之治天下也，先文德而后武力。凡武之兴，为不服也；

❶ 泰勒. 原始文化 [M]. 上海：上海文艺出版社，1992：1.
❷ 克利福德·格尔茨. 文化的解释 [M]. 南京：译林出版社，1999：3.
❸ 邓安庆，邓名瑛. 文化建设论 [M]. 长沙：湖南人民出版社，1998：2~5.

文化不改，然后加诛。"后来，南齐王融在《三月三日曲水诗序》中写道："设神理以景俗，敷文化以柔远。"从古汉语来看，文化由"文"和"化"组合而成，"文"是静态成果，"化"是动态活动，"文化"包含"既成成果"和"创造方式"两个方面，是人的活动成果与人的活动方式的辩证统一。"文化"的概念是"文治和教化"的意思，即以伦理道德教导世人，使人"发乎情止于礼"。在西方文字中，文化（英文为 culture、德文为 kultur）一词在西方原指对土地的耕作，是"培育""耕耘"，后引申为人的"品质和能力"，具有了"修养""文雅""智力发展""文明"等内涵。而作为 culture 和 kultur 词源的拉丁语 cultura，其含义则兼有神明祭拜、土地耕作、动植物培养以及精神修养等。综上所述，文化的本质含义可简单概括为两点——生活方式（生活习惯）和精神教化，这两点是东西方学术界都能达成共识的。文化的影响力正是来自于生活方式（生活习惯）和精神教化的积累。因此，在社会学和经济学，特别是制度经济学的研究视野中，文化是影响经济发展的重要因素。按照制度经济学理论，思想、文化和意识形态等因素属于制度的范畴。正如凡勃仑对制度所下的定义："制度实质上就是个人或社会对有关的某些关系或某些作用的一般思想习惯。"❶ 社会学家马克斯·韦伯则认为，正是一种文化意识——尽天职、获利、节俭、投资、赚钱的资本主义精神推动了资本主义经济的发展。长期关注发展中国家经济和社会发展问题的刘易斯也认为："生产力还取决于人的素质，即使民族的遗传成分相似，但就潜在的生产率而言，他们的文化继承非常不同。文化程度的差别、政府的形式，对工作的态度和社会关系等，通常会给生产率带来很大的差别。"❷ 我国著名经济史学家吴承明也曾经强调，"经济和制度的变迁须从社会变迁上来验证才能保证，而所有这些变迁在最高层次上都要受到占统治地位的文化思想所制衡"。❸

　　第三，中国的宏观调控实践有独特的理论指导，具体而言，受中国特色的社会主义市场经济理论指导。这套理论隶属于中国特色社会主义理论的范畴，是在马克思主义经济学的基础上，充分借鉴传统计划经济理论的教训并吸收现

---

❶ 凡勃仑. 有闲阶级论［M］. 北京：商务印书馆，1964：139.

❷ 刘易斯. 二元经济论［M］. 北京：北京经济学院出版社，1989：36.

❸ 吴承明. 中国传统社会经济与现代化［M］. 广州：广东人民出版社，2001：20.

代西方经济学的观点，在中国经济转型的社会实践的过程中逐渐形成的，科学发展观是其中的最新内容。中国经济从计划经济体制向市场经济体制的转型是占全球人口20%的大规模转型实践，是其他国家和地区所没有的，而指导这一实践的理论是社会主义市场经济理论。在这一理论指导下，中国经济的转型已经30多年，按照十六届三中全会文件的分析，已经基本形成了中国特色的市场经济体制。在未来，中国经济体制在科学发展观的指导下将继续完善，而不会发生另起炉灶式的改变——当今中国经济体制的基本特征被相关研究概括为四点："（1）中国存在一个强有力的政治经济领导核心集体——中国共产党，这个政治经济领导核心集体承担着市场经济领航员的作用；（2）中国不是单纯通过立法机构和立法者对经济进行控制，而是依靠管理层专业精英对经济运行施行调控；（3）政府干预主要通过明确的发展战略、规划及宏观经济政策（包括产业政策）来引导经济发展。制定发展战略与规划，奉行宏观经济政策，并认真实施扶植主导型产业政策，是一个鲜明的特征；（4）在市场关系已经渗透到社会生活各个角落的条件下，政府干预只有尊重市场规律，市场主体只有与政府协商，达成共识，才能完成经济合作和实现经济增长。"❶

第四，以上关于宏观调控差异性的分析决定了中国宏观调控的研究方法所具有的差异性。自挪威经济学家拉格尔·弗瑞希在1933年提出宏观经济学的概念，英国经济学家凯恩斯1936年出版《就业、利息和货币通论》，基本建立起宏观经济理论框架后，宏观经济学进入西方经济学主流的研究视野。长期以来，尽管西方经济学不同流派之间就是否应该对宏观经济进行政府干预进行了长期的争论；但是，除比较极端的观点以外，不同的观点之间事实上日益走向融合，并成为政府实施以财政政策和货币政策为主的政府宏观经济干预的理论基础。西方宏观经济学不同流派有关宏观经济政策方面的研究大都基于以下三个隐含的假设❷：其一，制度是外生的或中性的，对经济运行是无摩擦的；其二，宏观经济政策的目的是"熨平"由于市场机制本身的原因导致的经济周期，并且主要针对有效需求不足的存在；其三，假

---

❶ 刘瑞. 中国经济的转型与定型［J］. 中国人民大学学报，2004（5）：38.
❷ 王静. 转型经济中的宏观调控：基于实践的探索和反思［M］. 上海：上海三联书店，2008：38～41.

定市场是同质的，将研究定位于总量层面，不考虑结构性问题。西方宏观经济学研究的是发达国家的宏观经济，也许是因为诞生于市场经济已经相对完善的历史时期，因此在宏观经济学那里没有制度的影子，更没有制度变迁的问题，也没有结构性问题。从这个意义上说，可以认为宏观经济学研究的各种宏观经济政策是内生于市场经济制度本身的。在这个制度内部，既具备能对政策信号做出理性反应的市场化主体，同时，宏观经济政策具有与市场制度逻辑一致的传导条件。而且，制度的中性假设和市场同质假设保证了在不同时期推出的宏观经济政策具有相似的效果和可比性，使宏观经济学通过大量的计量分析找到宏观经济运行的规律和检验宏观经济政策的有效性，西方经济学实证主义的方法论正是基于这个前提。但是，对于中国的宏观调控研究而言，由于上述差异性的存在，西方主流宏观经济学的研究范式在中国面临严重的水土不服。因此，充分认识到西方宏观经济学的这些隐含假设并因此思考其在中国的适用性，对中国宏观调控理论借鉴在西方政府干预经济理论时进行合理的扬弃至关重要。

2.2.4　宏观调控：观察中国中央地方关系的一个新视角

基于前文的分析，宏观调控作为中国社会主义市场经济条件下的政府行为，其所有显著的差异性都是无法从现有的理论框架中直接得到解释的。无论是在传统社会主义经济学的"苏联范式"，还是在西方经济学研究的主流范式中，都无法得到答案。所以本研究认为，中国宏观调控是政府对市场经济运行的一种中国特色的宏观经济管理行为，宏观调控概念是源于中国经济实践的概念总结，围绕什么是宏观调控，为什么要实施宏观调控，宏观调控的目标是什么，实现目标的政策手段有哪些等基本问题的研究解答，具有明显的差异性和特殊性。宏观调控是改革开放后在中国市场化转型的过程中出现的经济现象，是中国经济的特有现象，有着自身的特殊逻辑。宏观调控是中国政府根据对国民经济运行形势的基本判断，审时度势而采取的强力干预市场经济运行的特殊行动。在实践中，宏观调控形成了一元化的调控主体，二元化的调控目标、任务以及多元化的手段体系这三位一体的操作功能框架。

当我们在中央地方关系视野中观察宏观调控时，能够发现，宏观调控作为社会主义市场经济条件下中国政府对市场经济运行的干预，它与传统计划经济体制下的国民经济管理行为有了很大的不同。在传统计划经济体制下，中央政府高度集权，生产什么，生产多少，如何生产都由中央政府的计划决定，全国执行统一的政策，地方政府只是被动的执行者。在经济发展方面，地方政府同样没有自主权，而且统收统支的财政体制使得地方的自主利益也很小。市场经济的核心精神在于分权和竞争，因此，建立和完善社会主义市场经济体制的过程事实上是一个"放权让利"的过程，这种放权让利既包括政府对民间的放权让利，也包括中央政府对地方政府的放权让利。随着改革开放进程的逐渐深入，地方政府被赋予了一定的财权和管理、调节地方或区域经济的权力和职责，成为一定行政区域内的国民经济管理主体。于是，在宏观调控这个问题上，中央政府和地方政府的关系上出现了新的态势。一方面，地方政府作为整个国民经济管理系统的一级组织或子系统，按照宪法的要求，它应该贯彻执行中央政府制定的宏观调控政策，根据中央政府对国民经济管理和宏观调控整体上的要求和精神对区域经济运行加以干预。另一方面，在政府主导型的市场经济模式下，地方政府在放权让利过程中成为地方经济发展的重要推手，与地方经济发展的关系日益密切，逐渐成长为利益相对独立的国民经济管理主体。显然，权力和利益都相对独立的地方政府如何对待和贯彻落实中央政府的宏观调控决策，它如何行使区域经济管理权限，实施经济调节行为，对于中央政府宏观调控行为的效果发挥着不可忽视的影响。于是，对于长期以来对中国具有重要影响的中央地方关系问题，由于宏观调控的出现，给了我们一个观察的新视角。

本章小结

地方政府经济调节与国家宏观调控的统筹协调问题的现实背景是宏观调控，其现实逻辑是在宏观调控中引发了新的中央地方关系问题。因此，探讨国家宏观调控与地方经济调节的统筹协调问题，首先要了解宏观调控本身。本章对宏观调控实践做了历史回顾，对宏观调控的概念给予了明确，构建了一个关于宏观调控概念的理论框架，并将宏观调控作为观察中央地方关系的一个视角。本研究认为,宏观调控是政府对市场经济的中国式干预:第一,宏观调控是改革开放后在中国市场化转型的过程中出现的经济现象,是中国经济特有的现象。因此,宏观调控作为一个经济学概念是具有中国特色的社会主义市场经济建设实践的理论产物,是一个基于中国经济现实的具有中国特色的经济学概念。第二,宏观调控是中国经济转型过程中,政府针对出现的一些新问题而采取的干预行动。这些新问题是计划经济时期所未有的,也是西方国家市场经济实践中没有的,是政府对市场经济的一种中国式干预,具有强烈的差异性和特殊性,是中国特色的国民经济管理行为。在实践中,宏观调控形成了一元化的调控主体,二元化的调控目标、任务以及多元化的手段体系这三位一体的操作功能框架;同时,宏观调控也是我们观察中央地方关系问题的一个新视角。

3 合作与博弈：国家宏观调控中地方政府经济调节的行为断裂

自 1978 年以来，中国的国民经济发展进程经历了七轮宏观调控。尽管调控的成效由于受到彼时彼地的条件制约而有得有失，但在理论界对宏观调控得失原因的探讨中，一直有观点将宏观调控不得力的原因归因于地方政府。特别是在始于 2003 年的第六轮宏观调控中，地方政府更是成为众矢之的。许多人倾向于认为：地方政府缺乏"大局观念"，对中央政府的政策不积极配合，甚至逆向行动；地方政府的投资冲动不但是造成本轮经济过热的主要原因，而且地方政府对宏观调控的抵制和博弈是导致宏观调控效果不佳的根本原因。这种观点是否合理？我们应该深入地思考，在国家宏观调控过程中，地方政府实施经济调节的行为方向是选择合作还是博弈？如果选择合作，为什么合作；如果选择博弈，为什么博弈？是什么因素导致了地方政府的现实选择？

3.1 典型现象：第六轮宏观调控中的中央与地方博弈

如前所述，自 1978 年以来，中国的国民经济发展进程经历了七轮宏观调控。这七轮宏观调控各有历史特征，而 2003 年以来的第六轮宏观调控则有三个鲜明的特点。

3.1.1 社会主义市场经济体制基本建立后的第一轮宏观调控

这是社会主义市场经济体制基本建立后，中国第一次在比较全面的市场经济基础上展开的一轮宏观调控。中共十六届三中全会《关于进一步完善社会主义市场经济体制若干问题的决议》以官方文件的名义确认了中国社会主义市场经济体制已经初步建立。

按照1993年中共十三届四中全会设计的社会主义市场经济体制框架建构路线图，到2002年，在经济体制范围内，中国社会主义市场经济体制的系统搭建工作基本完成，经济体制改革的目标转向日益完善阶段。这就是说，总体上，价格等市场信号作为主要的资源配置主体到这一阶段时应该在资源配置中发挥主要的作用。于是，继2001年中国加入WTO后，在2002年十六大和2003年十六届三中全会上，社会主义市场经济体制框架基本建立的判断成为全党的共识。当然，市场经济体制的系统搭建工作基本完成并不代表中国经济体制改革的任务已经完成，社会主义市场经济体制的完善尚需时日。与党在政治上做出社会主义市场经济体制框架基本建立的论断相配合，这一时期理论界兴起了一个研究中国市场化程度和未来改革方向选择的小高潮。

理论界对中国市场化程度的研究从20世纪90年代初期就开始了，例如卢中原、胡鞍钢从投资、价格、生产、商业四个方面认为中国1992年的市场化程度达到62%[1]；国家计委市场与价格研究所课题组从政府对产品和生产要素的价格控制和数量干预程度的角度度量产品和要素的市场化程度，认为1994年中国市场化程度为65%[2]；顾海兵认为生产要素市场发育不良，中国经济的市场化程度不会超过35%[3]；江晓薇、宋洪旭从企业自主度、市场的国外开放度和国内开放度、宏观调控四个方面认为中国市场化程度在37%左右；陈宗盛认为1997年中国市场化程度约为46%。[4] 2001年后，伴随着中国以市场经济国家的身份加入世界贸易组织，国内外各方面对中国市场化程度更加关注，理论界的研究也更加深入。这期间比较权威的研究成果有：中国经济改革研究基金会国民经济研究所评定的中国2002年全国平均市场化指数（NERI）为

---

[1] 卢中原，胡鞍钢. 市场化改革对我国经济运行的影响 [J]. 经济研究，1993（12）：49~55.

[2] 国家计委市场与价格经济所课题组. 我国经济市场化程度的判断 [J]. 宏观经济管理，1996（2）：20~23.

[3] 顾海兵. 中国经济市场化程度的最新估计与预测 [J]. 管理世界，1997（2）：52~55.

[4] 陈宗盛. 我国经济市场化程度达到60% [N]. 证券时报，1999－08－03.

5.98 分（总分为 10 分）❶；外经贸部公平贸易局与北京师范大学经济与资源管理研究所合作研究测度中国市场化指数，该研究确定我国 2001 年总体市场化程度为 69%。❷ 另外，2003 年国民经济研究所委托中国国内 30 位著名经济学家对中国经济市场化程度做出预测，其中有近一半的专家认为中国市场化程度在 60%～70%，超过 1/3 的专家认为低于这个程度，只有 16.67% 的专家认为高于 70%。❸

综合相关研究情况，随着经济体制改革的不断推进，世纪之交时，中国经济的发展过程中市场已经成为配置资源的主要手段，中共十六大和十六届三中全会关于我国"社会主义市场经济体制初步建立"的判断是客观的，政策层面和理论界在这一问题上达到了高度的共识。因此，这是一轮在相对比较完善的市场经济体制基础上进行的宏观调控。

3.1.2　基于防止经济过热的一轮紧缩性的宏观调控

这是一轮紧缩性的宏观调控，防止和控制经济过热是这一轮宏观调控的主要目标，货币政策和土地供给是主要政策抓手。自 2003 年以来，固定资产投资增长一直高位运行。2003～2007 年分别增长 27.7%、26.6%、26.0%、23.9% 和 24.8%。固定资产投资的过快增长加剧了煤电油运等基础行业和产品的供求矛盾，影响了经济结构的调整优化，加大了通货膨胀压力，增大了经济运行的潜在风险。显然，固定资产投资增长过快是这一期间宏观经济最为关键的问题。为降低局部经济过热，防止出现全面过热，中央政府采取了稳健的财政政策和适度从紧的货币政策，其中以货币政策和土地供给两道闸门为主要政策抓手。特别是土地，成为宏观调控新的政策抓手。

为了控制固定资产投资的过快增长，中央政府（央行）实行了稳健的财政政策和适度从紧的货币政策，多次紧缩银根，在加强对商业银行的窗口指导

---

❶ 国民经济研究所．中国市场化指数——各地区市场化相对进程 2004 年度报告［M］．北京：经济科学出版社，2004：7.

❷ 北京师范大学经济与资源管理研究所．2003 年中国市场经济发展报告［M］．北京：中国对外经济贸易出版社，2003：10.

❸ 张晓晶．中国市场化进程：现状分析与未来预测［J］．管理世界，2004（3）：5～13.

的同时，高频度地运用了调整存款准备金率（见表6）和调整存贷款利率（见表7）的政策工具。

表6　2003～2008年中国货币政策存款准备金率变化情况

时间	存款准备金率调整情况		
	调整前	调整后	调整幅度
2008 年 10 月 15 日	16.5%	16.0%	− 0.5%
2008 年 9 月 25 日	17.5%	16.5%	− 1.0%
2008 年 6 月 25 日	17.0%	17.5%	0.5%
2008 年 6 月 15 日	16.5%	17.0%	0.5%
2008 年 5 月 20 日	16.0%	16.5%	0.5%
2008 年 4 月 25 日	15.5%	16.0%	0.5%
2008 年 3 月 25 日	15.0%	15.5%	0.5%
2008 年 1 月 25 日	14.5%	15.0%	0.5%
2007 年 12 月 25 日	13.5%	14.5%	1.0%
2007 年 11 月 26 日	13.0%	13.5%	0.5%
2007 年 10 月 25 日	12.5%	13.0%	0.5%
2007 年 9 月 25 日	12.0%	12.5%	0.5%
2007 年 8 月 15 日	11.5%	12.0%	0.5%
2007 年 6 月 5 日	11.0%	11.5%	0.5%
2007 年 5 月 15 日	10.5%	11.0%	0.5%
2007 年 4 月 16 日	10.0%	10.5%	0.5%
2007 年 2 月 25 日	9.5%	10.0%	0.5%
2007 年 1 月 15 日	9.0%	9.5%	0.5%
2006 年 11 月 15 日	8.5%	9.0%	0.5%
2006 年 8 月 15 日	8.0%	8.5%	0.5%
2006 年 7 月 5 日	7.5%	8.0%	0.5%
2004 年 4 月 25 日	7.0%	7.5%	0.5%
2003 年 9 月 21 日	6.0%	7.0%	1.0%

资料来源：根据中国人民银行网站公开资料整理。

表7 2003～2008 年中国货币政策利率政策变化

时　间	利率政策调整内容
2008 年 10 月 9 日	一年期存贷款基准利率下调 0.27 个百分点
2008 年 9 月 16 日	一年期贷款基准利率下调 0.27 个百分点
2007 年 12 月 21 日	一年期存款基准利率上调 0.27 个百分点； 一年期贷款基准利率上调 0.18 个百分点
2007 年 09 月 15 日	一年期存款基准利率上调 0.27 个百分点； 一年期贷款基准利率上调 0.27 个百分点
2007 年 8 月 22 日	一年期存款基准利率上调 0.27 个百分点； 一年期贷款基准利率上调 0.18 个百分点
2007 年 7 月 20 日	金融机构人民币存贷款基准利率上调 0.27 个百分点
2007 年 5 月 19 日	一年期存款基准利率上调 0.27 个百分点； 一年期贷款基准利率上调 0.18 个百分点
2007 年 3 月 18 日	金融机构人民币存贷款基准利率上调 0.27 个百分点
2006 年 8 月 19 日	一年期存贷款基准利率均上调 0.27 个百分点
2006 年 4 月 28 日	金融机构贷款利率上调 0.27 个百分点，到 5.85%
2005 年 3 月 17 日	提高了住房贷款利率
2004 年 10 月 29 日	一年期存贷款利率均上调 0.27 个百分点

资料来源：根据中国人民银行网站公开资料整理。

在成熟市场经济国家，一般都不将土地作为宏观经济管理的政策工具。但在这一轮宏观调控过程中，我国经济发展新阶段新特点以及特别的体制环境要求重视土地供给作为一个关键变量在经济发展中的作用。这一轮宏观调控过程中的土地调控政策基本情况如表8所示。从 2003 年开始，中央政府正式提出运用土地政策参与宏观调控，2004 年 4 月中央政府作出了暂停农用地审批半年的决定，土地政策全面参与宏观调控。

表8 2003～2007 年的土地调控政策

时　间	政　策　信　息
2002 年 5 月	《招标拍卖挂牌出让国有土地使用权规定》
2003 年 2 月	《关于清理各类园区用地加强土地供应调控的紧急通知》
2003 年 4 月	《关于开展经营性土地使用权招标拍卖挂牌出让情况执法监察工作方案》
2004 年 3 月	《关于继续开展经营性土地使用权招标拍卖挂牌出让情况执法监察工作的通知》

续表

时　间	政　策　信　息
2004 年 4 月	《关于深入开展土地市场治理整顿严格土地管理的紧急通知》
2004 年 10 月	《关于深化改革严格土地管理的决定》
2004 年 10 月	《关于基本农田保护中有关问题的整改意见》
2004 年 11 月	《土地利用年度计划管理办法》
2004 年 11 月	《建设项目用地预审管理办法》
2005 年 4 月	《关于做好稳定住房价格工作的通知》
2006 年 6 月	《关于当前进一步从严土地管理的紧急通知》
2006 年 7 月	《关于建立国家土地督察制度有关问题的通知》
2006 年 8 月	《招标拍卖挂牌出让国有土地使用权规范》
2006 年 9 月	《关于加强土地调控有关问题的通知》
2006 年 12 月	《关于发布实施〈全国工业用地出让最低价标准〉的通知》
2007 年 1 月	《关于修改〈中华人民共和国城镇土地使用税暂行条例〉的决定》
2007 年 9 月	《关于加大闲置土地处置力度的通知》
2007 年 11 月	《关于加强和规范新开工项目管理的通知》

资料来源：根据公开资料整理。

3.1.3　地方博弈中央的一轮宏观调控

在这一轮宏观调控中，出现了很多研究者所说的来自地方政府的宏观调控周期和反周期力量，即出现了地方博弈中央的现象。宏观调控政策受到地方政府的抵制，一些地方政府在表面上对宏观调控必要性的认识与中央精神是统一的，但深层次的认识分歧越来越大。❶ 最终，在这样一轮市场化程度较高的宏观调控中，中央政府还是动用了行政手段配合货币政策等间接性措施以实现宏观调控的目标。

中央政府（央行）的货币政策措施虽然密集，但是对固定资产投资的调控效果不佳，固定资产增速有所缓和，却仍然在高位运行。分析其中的原因，很多学者认为地方政府的行为是影响调控效果的一个重要因素。因为自 2003

---

❶ 杨帆. 改革开放以来我国宏观调控的历史比较［J］. 河海大学学报：哲学社会科学版，2006 （4）：21～26.

年出现局部的经济过热开始，地方政府就在固定资产的高速增长中发挥着主导作用。据有关学者的研究，自 2004 年以来，如果把各年固定资产投资按照中央项目和地方项目进行区分，那么地方项目固定资产投资规模占全社会固定资产规模的比重均在 80% 以上，而中央项目固定资产投资规模所占比重均在 20% 以下。❶ 武少俊的研究也表明，2004 年 1~2 月，地方项目投资增长 64.9%，中央项目投资增长只有 12.1%。❷

　　土地调控的情况呈现出相同态势。2003 年初，中央政府召开了全国治理整顿土地秩序的电视电话会议，部署了土地市场治理整顿工作。2003 年年中，国务院办公厅、国土资源部等部门连续 13 次以文件或会议形式整顿土地市场、加大耕地保护，但各地的各种开发区和工业园区的土地开发面积仍然失控。2004 年、2005 年，国家发改委、国土资源部、建设部等部委又连续几次出台政策清理整顿各类开发区。2006 年，国土资源部先后下发《关于下达〈2006年全国土地利用计划〉的通知》（国土资发［2006］53 号）、《关于当前进一步从严土地管理的紧急通知》（国土资电发［2006］17 号）、《关于严明法纪坚决制止土地违法的紧急通知》（国土资电发［2006］22 号），要求各地严明法纪，坚决制止土地违法行为。2006 年 9 月 5 日，国务院发出《关于加强土地调控有关问题的通知》（国发［2006］31 号），提出将要提高城镇土地使用税和耕地占用税征收标准，国家根据土地等级、区域土地利用政策等，统一制定并公布各地工业用地出让最低价标准。在中央政府加强土地管理控制土地供给的同时，很多地方却逆向而动。典型的表现是很多地方不择手段地招商引资，有的地方甚至将招商引资作为一把手工程，甚至层层下指标，把机关干部的工资与招商引资数量挂钩。为了招商引资，地方政府利用手中的权力进行资源配置，比拼优惠政策。据公开报道，安徽省合肥市的国家级高新技术产业开发区，每亩地的成本价在 30 多万元。但如果是工业用地，最低价只要 5 万元。该开发区管委会的一位负责人甚至说，"对于一些大项目，土地可以白送"。❸在不择手段招商引资的同时，一些地方政府不顾客观条件的限制，挖空心思设

---

❶ 李江涛. 固定资产投资增长调控的两难困境——兼论"产能过剩"治理的基点［N］. 中国经济时报，2006 - 08 - 28.

❷ 武少俊. 2003~2004 年宏观调控：地方与中央的博弈［J］. 金融研究，2004（9）：51~56.

❸ 吴亮. 警惕推动重复建设的"隐性之手"［N］. 经济日报，2004 - 04 - 21.

计"新思路",大干快上,积极谋求"跨越式"和"超常规"的发展。一些一线城市谋求打造国际化大都市也无可厚非——重庆市要全面打造国际化大都市的新形象;杭州市围绕"构筑大都市,建设新天堂"的目标,实施"城市东扩、旅游西进,沿江开发、跨江发展"战略,全线拉开了大都市建设的架势,努力塑造杭州的城市特色和大都市形象;上海要在21世纪建设成为世界一流水平的国际化大都市;广州欲15年赶上亚洲"四小龙";大连力争20年建成"北方香港";武汉要打造"东方芝加哥"。但是,很多中小城市也提出要建设"国际化大都市",一个县级市市政府所在地(镇),居然拥有一个10多万平方米的大广场,据称恰恰比天安门广场少1平方米……❶2003年11月12日,中纪委驻建设部纪检组组长姚兵在大连市参加建设部国家园林城市复检汇报会上介绍说,先后有182座城市提出要建设国际化大都市,占到了全国城市总数的27%。❷ 大手笔的城市建设目标伴随着市政设施、路桥广场、科技园区等大量的"形象工程",必然会占用大量的土地。

在2003年启动的这一轮宏观调控中,地方政府逆向而动的标志性事件是"铁本事件"。在应对地方政府的逆向而动时,中央政府还是祭出了行政手段,以实现宏观调控目标。

"铁本事件"是一起典型的当地政府及地方有关部门失职违规、企业涉嫌违法违规,无视国家宏观调控政策,政企联合,政府越权审批,上马国家严格调控的钢铁项目的重大事件。❸ 1996年,民营企业江苏铁本钢铁有限公司成立。公司之所以叫"铁本",是因为董事长戴某是靠拣废钢废铁起家。2002年铁本公司寻求移址扩建,开始酝酿投资概算105.9亿元的大型钢铁联合项目,最终选定长江边的常州市魏村镇、扬中市西来桥镇的9 000多亩土地。在未经国家有关部门审批的情况下,2003年6月开建800万吨钢铁项目。2004年4

❶ 182个中国城市梦断"国际化大都市"[EB/OL]. http://finance.sina.com.cn/roll/20031121/1705530161.shtml.

❷ 牛建宏.182座城市提出要建国际化大都市[N].中国建设报,2003-12-19.

❸ 关于"铁本事件"的资料来源有:①徐寿松.铁本调查:一个民间钢铁王国的死亡报告[M].广州:南方日报出版社,2005;②新华社"新华视点"记者陈芳,牛纪伟,姜涛.江苏"铁本事件"始末:违规上马偏离科学发展观[EB/OL].人民网.http://www.people.com.cn/GB/keji/1059/2487247.html;③百度百科.铁本事件.http://baike.baidu.com/link?url=pd0e2xfFLZD5o5HmgAjQOAfnW5l-qZlc9_BZsRghd NWG-Foj926iygs2Kmq6Qdbhea2lmQ2xzOMf5UpmnoQrPq.

月，国务院派出专项检查组，核实查处江苏铁本钢铁有限公司违规建设钢铁项目。核查认定，铁本公司严重违反国家环境保护法、环境影响评价法的有关规定，未取得环保部门批复环境影响报告书擅自开工建设；违反土地管理法，未取得合法土地征地批准文件即动工建设，违法占用土地 6 541 亩，其中含耕地 4 585 亩；通过提供虚假财务报表骗取银行信用和贷款，挪用银行大量流动资金贷款。

铁本项目的出笼到上马就像一个"吹泡泡"的过程。2002 年，短短几个月的规划中，铁本项目从最初 200 万吨的宽厚板项目，逐步扩大到 400 万吨、600 万吨，最后成为年产 840 万吨的大型钢铁联合项目，规划占地也从 2 000 亩一路攀升到 9 379 亩。"吹泡泡"的过程中，活跃着地方政府的"有形之手"。

钢铁项目属国家宏观调控的重点产业项目，有一套比较规范的审批机制。按照投资规模和审批权限，铁本项目本该报国务院有关部门审批。但是，当地政府及有关部门违规越权对这些总投资高达 105.9 亿元的项目进行了审批。自 2002 年 5 月以来，铁本公司为实施项目，法人代表戴某成立 7 家合资（独资）公司，把项目化整为零，拆分为 22 个项目向有关部门报批。为了避开上级部门的审批，铁本公司和地方政府可谓绞尽脑汁。在审批过程中，常州国家高新技术产业开发区（以下简称高新区）管委会将整个项目一分为四。同时，为了办理土地等手续，又将整个项目分成 14 个基建项目。高新区经济发展局局长王某曾经对记者坦陈："审批时我们也感觉不正常，如果这些项目合在一起报批，就肯定超过审批权限了。"常州高新区管委会主任办公会议专题研究铁本项目的推进问题，要求有关部门抓紧完成立项批复。一位知情干部说："当时区里多次召开项目推进会，要求加快办理审批手续，如果不把项目拆分开，就要报到上级，没有一年半载批不下来。"高新区管委会仅在 2003 年 9 月 17 日一天内，就批准了铁本立项拆分的 12 个基建项目。与此同时，扬中市成立了由市委主要领导任组长、各职能部门负责人参加的铁本项目领导小组，并陆续召开了铁本项目推进会。江苏省发展计划委员会从 2003 年 4 月至 11 月，先后违规、越权或不按程序批准铁本公司建设 150 万吨宽厚板项目、硅钢系统工程等项目，总投资达 58 亿元。

地方政府违规审批、越权审批工业用地的问题很突出。铁本公司开工建设达 9 个月之久，占用土地 6 541 亩。按规定，占用如此多的土地特别是基本农田必须报国务院批准。但是，涉及铁本项目在常州的 5 988 亩用地中，常州市新北区分三批共 14 个批次申报至常州市国土资源局；常州市国土资源局随后分三批上报给江苏省国土资源厅。2003 年 12 月 20 日，省国土资源厅在 1 天内违规批准了铁本公司由整块土地拆分成的这 14 个土地项目，致使铁本项目部分非法占地合法化。

地方政府及有关部门无视环评法的问题也很突出。江苏省发展计划委员会、常州高新区经济发展局、扬中市发展计划与经济贸易局等部门在环保部门未审批环境影响评价书的情况下，擅自批准铁本公司有关项目可行性研究报告，违反了《中华人民共和国环境影响评价法》的有关规定。

"铁本事件"最终的发展结果是国务院运用行政手段进行严肃处理，并责成江苏省和有关部门处理这起案件的有关责任人。根据检查结果，江苏省委、省政府和银监会已对涉及失职违规的 8 名政府和有关银行的相关责任人分别给予党纪、政纪处分及组织处理：给予常州市市委书记范某党内严重警告处分；建议依法罢免顾某江苏省常州市人大常委会副主任职务，给予留党察看 1 年处分；撤销曹某常州国家高新技术产业开发区党工委副书记、管委会副主任、新北区委副书记职务；撤销宦某扬中市市委书记职务；给予扬中市市委副书记经某党内严重警告处分；给予江苏省国土资源厅副厅长、党组成员王某行政记大过处分，党内严重警告处分，并责令辞职；撤销秦某江苏省发展和改革委员会副主任、党组成员职务；撤销王某中国银行常州分行行长、党委书记职务。铁本公司的董事长戴某本人，则因经济犯罪问题锒铛入狱。

3.1.4 必须深刻思考的若干问题

如何看待在宏观调控领域出现的上述地方政府博弈中央政策、逆向而动的现象？很多学者将批评的对象对准地方政府，认为地方政府缺乏大局观念，对宏观调控的抵制和博弈影响了宏观调控的效果。对这些观点，本研究持保留态度。本研究也不同意理论界武断地将中央政府与地方政府在宏观调控中置于对立的地位，将地方政府视为规则破坏者的角色。地方政府"罔顾大局"的现象并非新鲜事物。在改革开放的历程中，地方政府经常因为"地方保护主义""本位主义"等类似的问题而遭到诟病。在这一轮宏观调控中出现的地方政府博弈中央宏观调控政策的行为与其说是一个新问题，不如说是一个老问题的新表现。对于一个长期存在的问题，我们应该系统地分析其存在并发展的内在机理，仅从道德品质的高度去谴责无益于问题的解决。

事实上，宏观调控作为对市场经济运行的带有中国特色的政府干预，出现了地方博弈中央的现象是令人疑惑的。第一，从当前中国的宪政框架来看，《中华人民共和国宪法》第三条明确规定了"中央和地方的国家机构职权的划分，遵循在中央的统一领导下，充分发挥地方的主动性、积极性的原则"，这一原则决定了在政府职能方面中央和地方是合作与分工的关系。第二，从目前中国地方主要官员的任命情况来看，中央政府有着绝对的选择权和影响力，在"对上负责"的政治人事制度框架内，地方政府也应该与中央进行充分的合作，否则将影响到官员的"政治生命"。第三，中国共产党是中国的执政党，中央政府宏观调控的决策是与执政党中央的政策理念高度一致的，而多数官员都是党员，中国共产党的组织原则是下级服从上级，全党服从中央。《中国共产党党章》第十条规定："党是根据自己的纲领和章程，按照民主集中制组织起来的统一整体。党的民主集中制的基本原则是：（一）党员个人服从党的组织，少数服从多数，下级组织服从上级组织，全党各个组织和全体党员服从党的全国代表大会和中央委员会……"第十五条规定："有关全国性的重大政策问题，只有党中央有权作出决定，各部门、各地方的党组织可以向中央提出建议，但不得擅自作出决定和对外发表主张。党的下级组织必须坚决执行上级组织的决定。下级组织如果认为上级组织的决定不符合本地区、本部门的实际情况，可以请求改变；如果上级组织坚持原决定，下级组织必须执行，并不得公开发表不同意见，但有权向再上一级组织报告。党的各级组织的报刊及其他宣传工具，必须宣传党的路线、方针、政策和决议。"作为党员的地方行政首长当然应该服从中央关于宏观调控的决策，并积极配合。第四，从中国的政治文化传统来看，地方与中央保持一致是中国式政治的核心原则之一。但是基于常识的逻辑和现实存在巨大反差，本来应该出现中央和地方合作、分工局面的宏观调控出现了双方博弈的局面。到底是什么地方出了问题？这确实是值得我们深思的。

考察地方政府在固定资产投资上的大干快上和土地使用上的违规操作等博弈国家宏观调控的行为，在下结论之前，应该全面观察，深刻思考如下问题。

问题一：在宏观调控中，地方政府是否只是单方面的一味逆向行动，博弈中央？双方是否也存在行为取向一致的情况？

问题二：如果出现了地方政府逆向博弈国家宏观调控政策的行为，那么这样的行为发生在什么样的宏观经济背景下？

问题三：发生博弈的时候，地方政府博弈中央的主观意愿是如何形成的？地方选择博弈中央而不是合作，是要付出成本的，只有潜在收益大于潜在成本，地方政府才能做出博弈的选择。

问题四：地方政府有没有能力与中央政府的宏观调控政策进行博弈？换言之，地方政府有没有能力成为固定资产投资进而经济过热的主导力量？

3.2 合作与博弈：国家宏观调控中地方政府经济调节的行为断裂

3.2.1 宏观调控中地方政府经济调节逆向而动的内在机理

针对前文提出的问题，我们在此做一一解读，以分析地方政府行为取向的内在机理。首先我们来分析问题一：在宏观调控中，地方政府是否只是单方面的一味逆向行动，博弈中央？双方是否也存在行为取向一致的情况？

从哲学的基本原理而言，过分绝对化的观点是难以成立的。现实对这一问题的答案也是否定的。在宏观调控中，地方政府并不是一味地博弈中央，双方存在行为一致的情况。一个显然的事实是：2008年年中，国际金融危机的冲击对我国经济影响端倪初显，中央迅速把宏观调控的首要任务从"防止经济增长由偏快转为过热、防止价格由结构性上涨演变为明显通货膨胀"调整为"保持经济平稳较快发展、控制物价过快上涨"，及时调整了宏观经济政策的取向，而地方政府对中央宏观调控政策取向的调整表现出高度一致性的积极反应。在2008年10月前后，全国先后有18个地区的地方政府在中央政府尚未发表意见之前就纷纷以减税、推行货币补贴及降低准入门槛等一系列积极的利好政策"救市"，以刺激有些低迷的房地产市场（见表9）。广州、深圳两地政府虽没有正式出台文件，但在土地供应规模、限价房上市等方面明显加强了政府的调控力度。2008年年底，中央政府的宏观调控政策取向进一步明确为"保增长"。2008年11月5日的国务院常务会议确定了进一步扩大内需、促进经济增长的十项措施，做出了到 2010 年年底约需投资 4 万亿元的决策。国务院常务会议后，各地区也紧锣密鼓地纷纷提出了投资计划，地方政府表现出积极配合的态度。比如，合肥市就成立了"落实国家宏观调控领导小组"，由两位市级领导分别担任北京、合肥工作组组长，处理与国家宏观调控部门的沟通和协调工作。❶

表 9　2008 年 10 月部分地方政府针对房地产市场的"救市"措施

各地	相关优惠政策	备　注
杭州	老城区可购房入户，政府给予个人买房一定的税缴补贴，放宽房企受让及开发期限	杭州市政府又出台了针对楼市的 24 条"救市"措施
苏州	(1) 恢复第二套房公积金贷款； (2) 一、二手房首付下调至 20% 、30%	"救市"措施主要针对购房者
上海	上调补充住房公积金贷款额度，双职工家庭最多可贷到 60 万元	上海市公积金管理中心发布《关于再次调整本市住房公积金贷款额度上限的通知》
南京	南京购房补贴：90 平方米以下补贴 1%；90 平方米以上 0.5%	在 2008 年 10 月 1 日至 2009 年 9 月 30 日期间，凡购买该市普通商品住宅和二手房的，均可享受住房补贴
宿迁	凡在 2008 年 11 月 1 日至 2010 年 12 月 31 日期间购买住房的，可获得 0.5% ~7% 的财政补贴	购买单套面积 90 平方米以下的，由地方财政给予房款总额 5% 的补贴
石家庄	(1) "普通住宅" 1.5% 契税税率； (2) 住房公积金贷款上限 40 万元	以 100 平方米、单价 4 000 元/平方米的住宅计算，可减少契税负担 1 万余元
沈阳	(1) 开通公积金"异地贷款绿色通道"； (2) 公积金贷款年限 30 年，二手房 20 年，商品房两成首付，设立 50 万元购房奖励； (3) "普通住宅" 1.5% 契税税率	以一套 100 平方米、单价 6 000 元/平方米的住宅计算，实行优惠税率后，可减少契税负担 15 000 元

❶　王小乔. 四万亿冲刺 ［N］. 南方周末，2008－11－20.

各地	相关优惠政策	备　注
河南	(1) 公积金贷款两成首付，贷款最长期限30年； (2) 首套商品房购买者房贷利率优惠； (3) 省内购房，可异地申请住房公积金贷款	购买经适房的免除房地产交易契税。购买普通商品房的，可按一定比例减免房地产交易契税
长沙	(1) 经适房全面推行货币补贴方式； (2) 二手房交易税1.1%； (3) 多项房地产税费减免或延迟收取； (4) 公积金贷款两成首付，贷款最长期限30年	2009年年底前出售二手商品房，其二手商品房交易所交营业税由财政给予全额补贴
常州	(1) 取消对二次及以上住房公积金贷款最高额度限制； (2) 开放住房公积金异地贷款； (3) 实行商业贷款转住房公积金贷款政策	两次及以上公积金贷款首付三成，购买保障性住房及小于等于90平方米户型首付二成
淮安	实行商业贷款转公积金贷款政策	以5年以上房贷为例，商业贷款的基准年利率7.83%，有些银行第二套房达8.61%，而公积金贷款利率仅5.22%
厦门	(1) 放宽普通住房标准； (2) 90平方米以下保障性住房，贷款利率下调，两成首付，最长贷款期限20年	新增"购买70~80平方米商品住房可办理不超过2人的常住户口"的政策
福州	(1) 契税减半； (2) 放宽预收许可证门槛； (3) 调整公积金贷款规定	单套建筑面积小于等于140平方米、单套成交价格小于等于7000元/平方米，契税减半征收等相关税收优惠政策
成都	(1) 契税减免以及财政补贴； (2) 公积金减免。公积金贷款两成首付，贷款最高额度30万元，贷款最长期限30年； (3) 可异地申请住房公积金按揭贷款	大于144平方米小于等于180平方米，两项合计13 275元。180平方米以上契税减免9 750元
重庆	(1) 小于等于90平方米普通商品房免征契税； (2) 二手房交易综合税1.1%。购二手普通商品房，符合条件，相关税收给予财政全额补贴	以在主城11区购置一套建筑面积90平方米的房子为例，房价为3 500元/平方米。其总房款是31.5万元，可节约4 725元
河南	(1) 降低公积金贷款首付比例； (2) 减免房地产交易契税	"救市"措施主要针对购房者

资料来源：根据相关媒体公开报道整理。

接下来分析问题二：如果出现了地方政府逆向博弈国家宏观调控政策的行为，那么这样的行为发生在什么样的宏观经济背景下？

2003 年的这一轮宏观调控是一轮紧缩性的宏观调控，防止经济过热，控制物价和固定资产投资过快增长是宏观调控的主要目标。纵观改革开放以来的若干轮宏观调控，当中央要求各部门、各地区统一思想、统一认识、大局观念等话语和宏观调控联系在一起的时候，总是发生在紧缩性的宏观经济背景下。类似的话语，从来没有在扩张性的宏观调控过程中出现过。在 1993 年开始的那一轮宏观调控中，中央也曾经要求各地区、各部门统一思想、统一认识，提高大局观念。因此，可以得出结论：地方政府逆向博弈国家宏观调控政策的行为发生在宏观经济出现过热，中央政府采取紧缩性的宏观调控的宏观经济背景下。

下面分析问题三：发生博弈的时候，地方政府博弈中央的主观意愿是如何形成的？地方选择博弈中央而不是合作，是要付出成本的，只有潜在收益大于潜在成本，地方政府才能做出博弈的选择。

分析问题三首先要说明一个隐含的假设，即地方政府是一个具有独立利益或者相对独立利益的主体，否则它不会进行成本和收益的比较。对此，从理论逻辑到现实逻辑，这一假设都是成立的。政府不是抽象的，而是各级官员构成的，这些官员是活生生的个人，所以无论是公共选择理论的研究还是对中国现实的实证观察，都说明地方政府是具有独立利益或者相对独立利益的社会主体。公共选择理论认为，市场经济条件下考察私人选择活动的"经济人"假设同样适用于政治领域的公共选择活动。政府以及政府官员在社会活动和市场交易过程中同样也反映出"经济人"理性的特征，政府也并非总是像我们想象的那样，总是一心一意追求社会总体福利最大化目标，政府及其公务人员也有自身的利益目标。或者说政府自身利益本身也是一个复杂的目标函数，除了政府本身所应追求的公共利益，还包括政府内部工作人员的个人利益和小集团利益，如地方利益和部门利益。例如，公共选择学派的学者就认为，官员和所有普通人一样，都是个人利益最大化者，构成官员个人利益的主要因素有"薪金、职务津贴、社会名望、权力、人事权、较大的影响力、轻松

的工作负担等"。❶

尽管在社会主义市场经济条件下，中国的各级政府官员应该成为"公共人"而不是"经济人"，❷ 应该成为广大人民群众利益的代表。但是，他们本身是活生生的人，不仅是人民群众利益的代表，也是个人利益的代表。他们也需要收入、尊敬和权力，因此中国的各级政府官员也是理性的"经济人"。否则，我们就无法解释当前一年一年不断创出新高的公务员报考纪录，也无法解释公务员法中有职务、工资晋升等与待遇相关的规定。同时，政府是官员的群体，从而具有群体的利益。中国改革发展研究院在 2005 年的一篇研究报告中尖锐地指出，中国政府已经分化为不同利益主体，表现为"三化"现象——各级政府利益争夺的部门化，无论中央政府还是地方政府，各个部门都有自己的利益，有时候部门利益甚至还凌驾于国家利益之上；各级政府之间利益争夺的层级化；地方政府之间利益争夺的地域化。❸ 另外，在当前中国行政管理体制的框架内，地方政府的主要官员，特别是"一把手"对地方政府行为具有绝对的影响力，因此"一把手"的利益目标取向在很大程度上代表了地方政府的利益目标取向。

"地方保护主义""本位主义"等现象和问题，就是地方政府已经成为一个具有相对利益的主体的现实写照。

改革开放后，随着计划经济向市场经济的转型，中央计划管理权力的大量下放，政府间财政包干制的推行，地方在经济上的相对独立性越来越强。不同地方和区域之间的竞争也开始出现并不断加剧，我国学者开始用地方保护主义形容区域经济竞争中地方政府的行为取向。"地方保护主义"现象在不同时期有不同的表现形式。20 世纪 80 年代刚刚开始实行行政性分权和财政包干体制，地方逐渐从计划经济体制下被动接受中央计划的安排到积极主动地谋取本地区的经济利益。这一时期市场化程度不高，许多日用品和原材料还属于短缺商品，地方保护主义主要变现为争夺短缺性的原材料和保护本地市场。当投资

---

❶ NISKANEN, WILLIAM A. Bureaucracy of Representative Government [M]. Chicago: Aldine – Atherton. Inc, 1971: 38.

❷ 刘瑞. 社会主义经济分析中没有"经济人"的位置 [J]. 中国人民大学学报, 1997 (1): 18 ~ 21.

❸ 中国（海南）改革发展研究院. 改革攻坚的进程与建议 [EB/OL]. 中国改革论坛. http: // www. chinareform. org. cn/cirdbbs/dispbbs. asp? boardID = 2&ID = 60604.

需求膨胀和经济过热时，地方政府往往利用行政力量垄断和封锁，阻止本地区短缺性原材料运往外地，以保障本地企业的正常运行；当宏观经济形势紧缩、需求疲软时，又禁止外地商品进入本地市场销售，以保障本地企业产品的销售市场。20 世纪 80 年代曾经爆发了多次区域之间的贸易封锁战和资源争夺战，类似"生猪大战""羊毛大战""蚕茧大战""板栗大战""丝绸大战""中药材大战"等形式的"100 多种区域大战在中华大地上此起彼伏"。● 以"羊毛大战"为例，1985～1986 年，由于羊绒和羊毛的价格飞涨，我国北方羊绒产区爆发了"羊毛大战""羊绒大战"，羊毛主产区的内蒙古、吉林、新疆、山西等省区无一例外恢复羊毛的统购统销政策，在省区交界处设立羊毛收购站，严防死守、围追堵截，防止羊毛流出本省。1985 年仅内蒙古赤峰市在与辽宁、河北交界地区就设立了 106 个收购站，1986 年又增加了 70 多个。● 1988 年，广东、湖南、江西三省，为了保护各自的经济利益，分别制定了禁运政策，湖南省对粮食、蚕茧等 12 种物质实行禁运，江西省对大米、生猪实行禁运，广东省对食糖、橡胶实行禁运，其他省区也有类似的事件发生。● 20 世纪 90 年代，随着传统计划经济体制的解体，产品短缺的局面逐渐转变为产品过剩，此时的地方保护主义更多表现为对本地企业和市场的保护，限制外地商品流入，"区域大战来了个一百八十度大转弯，原来的坚壁清野变成了市场攻坚，堵截商品输入的关卡变成了阻拦产品进入的壁垒"。● 有些地方利用政府的行政权力，采取各种措施阻挠外地产品在本地销售。例如，有的地方规定只要是当地企业能够生产的产品，商业部门不准去外地采购并在本地销售，否则工商部门将视为假冒伪劣商品严加查处，还有的强令商家每年必须销售多少比例的本地产品，超额者给予免税奖励，完不成任务者予以惩罚。● 例如，苏北地区阜宁、宿迁等县市分别于 1999 年 3 月 2 日和 3 月 14 日以阜计经（1999）27 号文与宿城区计经发（1999）85 号文的方式，下发"对啤酒市场进行专项检查整

---

❶ 张可云. 区域大战与区域经济关系 [M]. 北京：民主与建设出版社，2001：42.
❷ 张可云. 区域大战与区域经济关系 [M]. 北京：民主与建设出版社，2001：45.
❸ 舒庆，周克瑜. 从封闭走向开放：中国行政区经济透视 [M]. 上海：华东师范大学出版社，2003：29.
❹ 张可云. 区域大战与区域经济关系 [M]. 北京：民主与建设出版社，2001：48.
❺ 舒庆，周克瑜. 从封闭走向开放：中国行政区经济透视 [M]. 上海：华东师范大学出版社，2003：29.

顿"的通知，规定经销外地啤酒必须报请县（区）技术监督局抽验，未经抽验不得擅自销售。2000 年，黑龙江省龙江县政府以整顿啤酒市场秩序为由，依据齐齐哈尔市人大颁布的《酒类管理条例》及齐齐哈尔市政府办公厅《关于整顿酒类市场的通知》，成立龙江县啤酒市场稽查队，为龙江县境内 40 余家啤酒批发业主颁发的《酒类批发许可证》中关于"经营品种"一栏只有"龙江啤酒"。汽车工业也是这一时期地方保护主义的一个典型。为了扶持本地汽车工业的发展，限制可能的竞争，许多地区的地方政府采取了各具特色的保护政策。湖北省武汉市曾经规定，全市凡财政拨款单位新增或更新轿车，应由政府集中采购，并按用车标准选用湖北产的富康轿车，否则，单位将不予定编，交通管理部门不予上牌照。❶ 地方保护主义如同国际贸易中的贸易壁垒。在加入世界贸易组织之前，这种区域间经济壁垒现象非常明显。据有关研究，在1987～1997 年，中国各省区一方面对国际市场不断开放，省区的对外开发度（省区的进出口总额与 GDP 的比值，即外贸依存度）不断上升，从 14% 到37%；另一方面，对内封锁、对内壁垒却居高不下，1997 年消费者从省内生产者购买的商品额要 27 倍于从外省生产者购买的数量。这一数据在 1992 年是16 倍，在 1987 年为 12 倍，这相当于省级贸易的关税税率从 1987 年的 37% 上升到 51%，中国省际贸易壁垒已经非常接近主权国家之间的水平。❷ 2001 年中国加入世界贸易组织，在此前后的一个时期，各级人民代表大会和各级政府对大量法规和文件规章进行了清理，推动了市场经济的发展进程，促进了国民经济总体市场化水平的提高，以地方封锁和行政壁垒为代表的地方保护主义有所式微，取而代之的是各地区在更强烈的经济增长冲动下对各类稀缺生产要素的竞争。这种竞争，并不仅限于单纯的经济资源，甚至包括文化资源等一切可能带来经济增长的要素资源，许多地方围绕名人故里的"争夺战"就是典型现象（见表 10）。

❶ 张可云. 区域大战与区域经济关系［M］. 上海：民主与建设出版社，2001：49、51.
❷ 周黎安. 转型中的地方政府：官员激励与治理［M］. 上海：格致出版社，上海人民出版社，2008：234.

表10 地方政府围绕名人故里的"争夺战"

"争夺战"名称	争 夺 内 容
诸葛亮躬耕地	争夺地：湖北襄樊（襄阳）和河南南阳，两省两地。 湖北襄樊认为：诸葛亮十三四岁时来到襄樊，17岁躬耕于隆中。1800年前的公元207年，刘备"三顾茅庐"于隆中，诸葛亮提出了著名的《隆中对》，随后出山辅助刘备创立蜀国，形成了三分天下的局面。湖北襄樊认为深厚的三国文化是襄樊最宝贵的文化资源，诸葛亮已成为襄樊的一张文化名片。 河南南阳认为：《出师表》中诸葛亮表述说："臣本布衣，躬耕于南阳，苟全性命于乱世，不求闻达于诸侯……"这第一手材料是无可非议的，是诸葛亮躬耕于南阳最可信的证据
三国"二乔"故里	争夺地：湖北嘉鱼县、河南商丘市、湖南岳阳市、浙江义乌市以及安徽的潜山、庐江、南陵三县，共五省七地。 各地依据的逻辑，从"二乔"的姥姥家到"二乔"老爹的祖籍地，再到"有墓即故里"，围绕故里争夺所开展的项目建设，从顶级的商务会所到采摘瓜果的农家小院，旅游创意从观光游、温泉游、会展游到购物游、农家乐，不一而足
赵云故里	争夺地：河北省临城县、河北省正定县，一省两地。 2009年6月8日，河北省第三批省级"非物质文化遗产名录"公布，"临城赵云故里传说"名列其中。由此导致与正定县争夺赵云故里的爆发，临城县和正定县这两个原本默默无闻的县城，一夜之间叫响海内外
老子故里	争夺地：安徽涡阳、河南鹿邑、甘肃临洮，三省三地。 史书记载，老子故里"在濑乡之东，涡水处其阳""涡水北有老子庙""距谷水流汇涡河处附近"。经考证安徽涡阳天静宫地处涡河北岸，并有涡河与谷水（武家河）在此处交汇，地域方位与史书记载完全一致。现浙江大学地球科学系终身教授，中国地理学会历史地理专业委员会主任，国际地理学会历史地理专业委员会咨询委员陈桥驿教授在考察涡河后，认为老子故里在涡河，并提笔写下了这样的诗句："天静九井皆得之，道统源头豁然知。涡水长流道长在，老子故里就在此。" 但是河南鹿邑认为：老子诞生地太清宫位于鹿邑县城东5公里的太清宫镇的东北隅。而老子写《道德经》的地方为灵宝函谷关。自2010年4月24日起，灵宝、鹿邑、栾川三地联手在国内旅游界首次推出"老子旅游文化节"。 而据专家考证，甘肃临洮是老子晚年隐居和"飞升之地"，有老子"第二故里"之称。甘肃临洮依托于此，着力打造"老子飞升地"的知名品牌

"争夺战"名称	争夺内容
李白故里	争夺地：四川江油、湖北安陆、甘肃天水、吉尔吉斯斯坦的托克马克市，两国四地。 四川江油市2003年就已经向国家工商总局注册了"李白故里"城市旅游商标，而这也是中国首个正式注册的城市旅游品牌。2009年11月，湖北安陆市在全国很多媒体上都打出宣传词——李白故里，银杏之乡，湖北安陆欢迎您！这则推介广告，引起了四川江油市的极大不满。随后，两个城市展开了一番唇枪舌剑，搬出专家学者、史料典籍、法律条文等，打响了名人故里争夺战。2008年10月，吉尔吉斯斯坦文化信息部部长拉耶夫就对中国媒体表示，中国唐朝最伟大的诗人李白的出生地碎叶城，就是吉尔吉斯斯坦境内的托克马克市，现在他们正与中方协商要为李白塑造一个纪念雕像，推动两国李白文化的经济合作。2010年3月，甘肃籍学者雷达撰文，提出李白故里在甘肃天水秦安，当地随即举行了网友签名等活动，颇为热闹，但这些仅限于民间诉求。目前，甘肃天水以"伏羲——世界华人寻根祭祖圣地"为主体旅游品牌，还有一个麦积山景区，市政府正在全力推动麦积山景区跻身"丝绸之路世界遗产项目"。所以，该地旅游业发展的战略重点并不是李白，甘肃天水市政府态度含混不清
曹雪芹故里	争夺地：河北唐山丰润、辽宁辽阳、辽宁铁岭和江西南昌武阳，四省四地。 河北唐山丰润砸下大投资，展开大公关、大宣传，概括起来是"一城一酒"。"一城"是"红楼寻梦城"项目，2009年推出的规划占地1 714亩，总投资12亿元。"一酒"是曹雪芹家酒系列。20世纪90年代，"曹雪芹家酒"系列迅速崛起，和衡水老白干并列成为河北省级重点名酒。2009年，在"中国白酒品牌100强"中，只有2个名人故里入选该榜，一个是孔子，另一个就是曹雪芹。 辽宁辽阳认为曹雪芹祖籍在辽阳，此说是胡适先生的论证结果，现在更得到冯其庸的鼎力支持。2005年兴办了"辽阳红楼梦文化游览区"项目，占地3.75亩，在曹雪芹纪念馆基础上建成红楼梦文化游览区，利用名人效应，开发"红楼文化旅游"北方热线。 辽宁铁岭是《红楼梦》续作者高鹗的故里，但铁岭顺手牵羊，公开宣称是曹雪芹的"关外祖籍"，以全市之力打造"红学文化之乡"，请出红学泰斗周汝昌开会，并成立了曹雪芹研究会。2008年推出的"曹雪芹关外祖籍纪念地"项目是铁岭休闲度假区的10大项目之一。 江西南昌武阳介入这场纷争的时间最晚，但他们用"反客为主"之计，生造了一个新概念——曹雪芹的"南宋祖籍地"，后来居上，风头与丰润并驾齐驱。2008年11月，"中国红楼旅游文化研究示范基地"在武阳成立，该基地由中华民族文化促进会旅游文化研究中心授予。武阳的曹居核心项目是"中国武阳红楼文化（国际）旅游产业园"

续表

"争夺战"名称	争夺内容
朱元璋故里	争夺地：安徽凤阳、安徽滁州嘉山县、江苏省盱眙县、安徽明光市，两省四地。 朱元璋故里争夺从古延续到今。600年前"凤阳说"就是明代史家们的主流声音，近30年来，朱元璋出生地之争风云再起。20世纪80年代初出现安徽"嘉山说"，20世纪90年代初期出现的"盱眙说"，2008年出现的"明光说"，虽是"嘉山说""盱眙说"的延续，但是它的最大特点是，在史料上故意弄虚作假。争论到最后，众多专家还是认为朱元璋出生地"凤阳说"反映了历史事实
帝尧故里	争夺地：山西的临汾、长治，山东的菏泽、定陶、曲阜，河北的顺平、唐县，浙江的兰溪，湖南的桃源、常德等地。共五省十地，其中山西省临汾市和长治市竞争最为激烈。 临汾市认为自身"已经是史学界公认的帝尧古都"。临汾市委还牵头成立了尧文化研究会，主要任务是整理、保护和发掘"帝尧和其臣民所创造的思想、政治、文化等方面的成果，以及相关的文物、遗迹、传说和故事"，并研讨出版相关书籍。"尧之故里在长子"则是近年出现的新说法。为此长治市在长子县也邀请省内外专家学者，召开了一场别开生面的"尧王故里暨尧文化研讨会"，并汇编《尧王与长子》一书。长子县尧文化研究会会长申修福说，尧文化研究会搜集到的论据更加丰富和生动，初步认定，长子就是尧王的故里，是尧文化的发源地。 早在20世纪90年代初，河北顺平县就在权威报纸上刊登广告，说尧王故里在顺平；江苏也召开研讨会，论证尧的故乡是江苏；山东某媒体宣称，"尧帝陵最终确定在菏泽"
魏徵故里	争夺地：河北省晋州市、河北省馆陶市、河北省巨鹿县，一省三地。 1994年10月，河北省晋州市在区西南部，建造了一个占地面积706万平方米的魏徵公园。这个公园是"晋州人民为纪念祖籍晋州庞表村的大唐贞观名相魏徵兴建的"。2006年，河北省晋州市馆陶县领导率队赴浙江省台州市开展招商活动，成功举办了"魏徵故里馆陶——台州产业合作恳谈会"。2007年，号称魏徵故里的河北省巨鹿县举行了500人规模的世界魏氏宗亲恳亲大会
西门庆故里	争夺地：山东省阳谷县、临清县和安徽黄山，两省三地。 阳谷县将建设"水浒传金瓶梅文化旅游区建设项目"，临清县提出打造"西门庆旅游项目"，而黄山则声称将开发"西门庆故里"（后来黄山方面称已经停止这个项目的运作）

资料来源：根据公开资料整理。

综上，地方政府是具有独立利益或者相对独立利益的主体。作为这样一个主体的地方政府，如果做出了与中央宏观调控进行博弈的选择，将如何看待它的收益和成本对比，是其行为选择的主导因素。对此，本研究结合理论界相关研究的成果，将其梳理分析如下：

潜在的收益有两个，其一是政绩显示和职务晋升。

官阶和职务的晋升，对于各级官员而言不仅仅意味着获得更高的社会地位和更强的荣誉感、成功感，更是对社会资源控制力的提高。陆学艺在《当代中国社会阶层研究报告》中将当代中国的社会阶层划分为 10 个，其划分依据是不同阶层对组织资源、文化资源和经济资源的占有状况，而国家与社会管理者阶层被列为十大阶层之首。[1] 国家与社会管理者是指在党政、事业和社会团体机关单位中行使实际的行政管理职权的领导干部，地方政府的行政长官无疑是其中的翘楚。问题是，地方政府官员的职务要晋升，需要有政绩，而且政绩要显示出来，让上级领导机关看得到、感受得到。政绩的创造与政府职能的行使密切相关。在转型期，地方政府一方面是中央政府和上级政府管理经济社会的延伸机构，应当不折不扣地执行中央的相关政策和方针；但另一方面，又是本地经济社会发展的管理者，担负着重大的建设职能和发展任务。改革开放以来，中国的发展战略实质上仍然是赶超战略，在以经济建设为中心的战略思路下，经济发展绩效，特别是经济增长速度和税收的规模和增长成为政府（组织部门）考察干部的主要标准。所以，快速提升反映政绩的 GDP 成为地方政府拉动投资冲动的主要动力。政府是有任期的，为了在有限的任期内做出政绩，特别是超越前任，就必须早出、快出、大出政绩。所以，凡是有利于扩大地区经济规模，对政绩贡献显著的投资项目都争先恐后地争取。例如，2004年湖北省襄樊市发布的市委一号文件就是《关于开展"项目年"活动的实施意见》，[2] 而打开谷歌等任何互联网搜索引擎，以"项目年"作为关键字进行搜索，可以得到更多的地区出台的类似内容和标题的文件。因此，基于地方政府强烈的政绩创造和显示需求，能够带来经济增长和税收的固定资产投资、招

[1] 陆学艺. 当代中国社会阶层研究报告 [M]. 北京：社会科学文献出版社，2002：8～10.
[2] 关于开展"项目年"活动的实施意见（襄发［2004］1 号）[EB/OL]. 襄樊年鉴（2003～2004 年）条目摘选. http：//www. xf. gov. cn/html/2007327/153838_54445. html.

商引资自然会受到地方政府的青睐。于是投资膨胀和对土地的占用变得不可避免，地方政府也就有了博弈中央宏观调控政策的原始动机。

政绩显示和职务晋升的需求来自干部政绩考核制度。20 世纪 80 年代以前，没有严格的干部考核制度。领导干部只要不犯大的错误，特别是政治错误，可以长期担任领导职务。1978 年 3 月，邓小平在一次讲话中提出要实行考核制度："考核必须是严格的、全面的，而且是经常的。各行各业都要这样做。"❶ 1978 年 12 月的中央工作会议上，邓小平在《解放思想，实事求是，团结一致向前看》的经典讲话中重申："因为是非功过不清，赏罚不明，干和不干一个样，甚至干得好的反而受打击，什么事不干的、四平八稳的，却成了不倒翁。在这种不成文法底下，人们就不愿意去动脑筋了。"❷ 在中央的强调下，1979 年 11 月，中共中央组织部下发了《关于实行干部考核制度的意见》，要求各地区、各部门按照德才兼备的原则，根据各行各业不同职务的领导干部胜任现职所应具备的条件，制定明确具体的考核标准和内容。1983 年的全国组织工作座谈会进一步提出要对党政领导干部实行年度考核，规定了德能勤绩四个方面，着重考核干部的工作实绩。1988 年开始，在全国试行对地方党政领导干部的年度工作考核制度，考核对象包括全国地（市、州）、县（市、区）党委和政府领导干部和省（市、区）、地（市、州）、县（市、区）党委和政府的各工作部门的领导干部。干部的考核制度逐步完善，在推动领导干部积极从事经济建设和维护社会稳定等各方面工作发挥了重要作用。但是，在实际的绩效考核过程中，过分偏重经济指标是一个事实。而在经济指标中，经济增长指标因为与国家发展战略密切相关，同时最为直观也便于横向、纵向比较，也就成为考核地方政府领导干部最为有力的指标。

以中共中央组织部 1998 年 5 月 26 日发布的《党政领导干部考核工作暂行规定》为例，能够清晰地看到经济增长指标的分量。该文件第九条规定了领导班子的考核内容："（一）思想政治建设包括理论学习、政治表现、贯彻执行党的路线方针政策、全心全意为人民服务、执行民主集中制、维护中央权

---

❶ 邓小平. 坚持按劳分配原则［M］//邓小平文选（第二卷）. 北京：人民出版社，1994：102.
❷ 邓小平. 解放思想，实事求是，团结一致向前看［M］//邓小平文选（第二卷）. 北京：人民出版社，1994：142.

威、团结协作、选人用人、廉政建设等情况。（二）领导现代化建设的能力包括总揽全局、科学决策、求实创新、开拓进取和处理复杂问题等能力。（三）工作实绩在经济建设、社会发展和精神文明建设、党的建设等方面所取得的成绩和效果，在推进改革、维护稳定方面取得的成绩和效果。地方县以上党委、政府领导班子的工作实绩主要包括：各项经济工作指标的完成情况，经济发展的速度、效益与后劲，以及财政收入增长幅度和人民生活水平提高的程度；教育、科技、文化、卫生、体育事业的发展，环境与生态保护、人口与计划生育、社会治安综合治理等状况；党的思想、组织、作风、制度建设的成效等。对部门领导班子，还要重点考核其发挥职能作用，完成各项工作任务，为经济建设服务的情况等。"该文件第十条规定了领导干部考核内容："（一）思想政治素质——理论素养和思想水平。学习马列主义、毛泽东思想特别是邓小平理论，学习党和国家的方针政策，掌握基本原理和精神实质，学以致用，不断提高理论和政策水平的情况；政治方向和政治立场。执行党的基本路线，在事关方向、原则问题上的立场、观点、态度，在政治、思想和行动上与中央保持一致，增强法制观念，严格依法办事的情况，贯彻执行《党政领导干部选拔任用工作暂行条例》的情况；群众观点和群众路线。实践全心全意为人民服务的宗旨，正确行使人民赋予的权力，联系群众，自觉为人民群众谋利益的情况；政治品德和道德品质。襟怀坦白，公道正派，坚持原则，严守纪律，谦虚谨慎，克己奉公，遵守社会主义道德，在精神文明建设中发挥表率作用的情况。（二）组织领导能力——运用马克思主义的立场、观点和方法，分析、研究、解决实际问题的能力；组织协调、科学决策、开拓创新的能力；发现人才、培养干部、知人善任的能力。对党政正职领导干部，还要重点考核其驾驭全局、处理复杂问题的能力。（三）工作作风——执行民主集中制，维护领导班子团结，发扬民主，虚心听取不同意见，勇于开展批评与自我批评的情况；坚持从群众中来、到群众中去的工作方法，深入实际，调查研究，求真务实的情况；勇于改革，敢于负责，坚持原则，严格管理，严谨细致，勤奋敬业的情况。（四）工作实绩——在完成任期目标和履行岗位职责过程中所提出的工作思路、采取的措施、发挥的具体作用以及所取得的绩效等。（五）廉洁自律——保持和发扬艰苦奋斗的优良传统，遵守中央关于党政领导干部廉洁自律的有关规定，清正廉洁，以身作则，自重、自省、自警、自励的情况；执行党风廉政建设责任制的情况；对亲属及身边工作人员加强教育、严格要求的情况。"显然，经济增长指标是第一位的，是最为显性的，也是能够量化比较的。

在政绩考核"指挥棒"的指挥下，地方政府官员之间的晋升竞争加剧了地方政府的追求经济增长、创造政绩显示的动机。周黎安曾经在实证考察的基础上建立了一个地方官员政治晋升竞争博弈的理论模型，旨在强调地方官员的晋升激励及其对地区间经济竞争和互动的影响。周黎安认为，同一行政级别的地方官员都处于政治晋升竞争或者政治锦标赛（political tournaments）中。由于政治晋升竞争的基本特征是一个官员的晋升直接降低了另一个官员的晋升机会，使得同时处于政治和经济竞争中的地方官员之间的合作空间非常狭小，而竞争空间则非常广阔。由于地方官员的选拔和晋升标准与经济发展绩效指标（特别是 GDP 增长绩效）紧密联系，地方官员在"官场"上为晋升而竞争，要在政治锦标赛中获胜，就必须拿出比其他地区官员更优良的政绩，即在经济上创造更大的 GDP 和利税，于是带来了地方保护主义和重复建设。❶ 该理论模型尽管是为了解释地方保护主义和重复建设而研究建立的，但对宏观调控中的地方政府行为也有很强的解释力。事实确实如此，中国的区域划分是以行政原则为中心的，地区之间的速度攀比使得每个行政区域的官员都非常关心其他区域特别是相邻区域的发展，都要拿出比其他区域更为优异的经济发展绩效。周黎安等曾经运用 1979～2002 年的省级水平数据系统验证了地方官员晋升与地方经济绩效的显著关系。他们发现，省级官员的升迁概率与省区 GDP 的增长率呈现显著的正相关关系，即省区 GDP 实际增长率越高，则其领导干部升迁的概率越大，如果省区 GDP 实际增长率提高 6 个百分点，省级领导干部的晋升概率可以提高 2.4 个百分点。❷ 在激烈的地区竞争中，各地政府官员特别是行政主管承受的加快发展的压力很大。据《经济日报》的报道，安徽省的一个官员曾经说过："如果兄弟地区的产值增长 25%，你只增长 5%，上级考核时就会觉得你比别人慢，并没有人去关心你发展的过程是怎样的。"山西省长治市计委的一位干部也表示："项目建设和由此带来的投资是地方经济腾飞的

---

❶　周黎安. 晋升博弈中政府官员的激励与合作——兼论我国地方保护主义和重复建设问题长期存在的原因 [J]. 经济研究，2004（6）：33～40.

❷　周黎安. 转型中的地方政府：官员激励与治理 [M]. 上海：格致出版社，上海人民出版社，2008：92.

助推器。这一点谁看错了谁吃亏。"❶

在中国，中央政府在地方政府官员的任命上有很大的影响力，而中央政府在官员晋升上的选择形成了某种示范效应，强化了多数地方政府官员追求以GDP增长绩效为代表的政绩的愿望，从而进一步强化了地方政府博弈中央宏观调控政策的动机。这种示范效应的典型案例是"苏州现象"——中共苏州市委连续有3任书记均升任了省长：王珉从苏州市委书记任上升任吉林省代省长，王珉之前的两任苏州市委书记——梁保华与陈德铭，也先后升任江苏省省长、陕西省代省长。在这之前，苏州原市长章新胜已升任教育部副部长。显然，一个地级市成为副省级以上官员的摇篮，其主政的党政主要官员在短短几年内尽皆升职，输送出大批高级干部，这在国内政坛实属罕见。在这一罕见现象的背后，是苏州市近年来取得的惊人经济增长业绩。其中，谁也无法否认，苏州经济十多年来的高速增长，是苏州干部备受青睐的重要原因——苏州模式是典型的引进增长型，其特点是"以强势政府和有效政府为基础，以招商引资为手段，以土地换资金，以空间求发展"。这种做法带来了强劲的经济增长。公开资料显示，2004 年苏州 GDP 达到 3 450 亿元，悄然超过深圳；引资额高居各大中城市之首；工业总产值 9 560 亿元，占江苏省工业总产值的30%。短短几年时间，苏州经济增长之快令人咋舌。❷ 古人曰："上有所好，下必甚焉。"（《礼记·缁衣》）干部考核制度对 GDP 的偏好必然引发地方政府领导干部的行为偏好，各地方都在经济增长指标方面不甘落后，特别是当上级政府提出经济增长指标后，下级政府会竞相提出更高的指标。以"十一五"规划为例，国家的规划纲要设定的年均经济增长率为 7.5%，而在全国 31 个省市区公布的规划纲要中，最高的是 13%，最低的是 8.5%，平均下来超过10%，以致国家发改委紧急发文件要求各省、市、区的 GDP 增长降速。❸

不仅是中央考核和使用干部时强调经济发展（GDP），在地方政府体系内，类似苏州现象的干部考核和使用，也是一个普遍现象。笔者曾经调研过北京市海淀区的一个乡镇——东升乡，该乡镇在十几年的时间里有很多干部得到组织

---

❶ 吴亮. 警惕推动重复建设的"隐性之手"［N］. 经济日报，2004 – 04 – 21.
❷ 杜文忠. 苏州模式：反思与肯定［N］. 经济，2005 – 10 – 13.
❸ 发改委急令部门地区经济增长减速［N］. 第一财经日报，2006 – 04 – 14（http：//business. sohu. com/20060414/n242798263. shtml）.

部门的肯定，走向更为重要的岗位，特别是有 4 位担任乡党委书记的干部先后升任区县局级领导干部。其中，非常重要的因素就是东升乡的经济发展绩效。东升乡位于海淀区城乡结合部，经过多年发展，其城市化进程发展很快，其经济形式属于集体经济，而非典型意义上的区域经济，其经济总量指标的内涵与典型区域经济体的经济总量指标不同，无法像独立的区域经济体那样做区域内地方生产总值的比较。为保证口径一致，在与海淀区和北京市经济指标对比时，仅作人均收入指标的对比。事实上，人均收入指标往往比经济总量指标更能说明经济发展状况。表 11 的数据充分说明，从"十五"时期以来，一个农村建制的乡，其农民人均收入大大高于海淀区和北京市的农民人均纯收入水平。如果说东升乡位于城乡结合部，其收入水平本来就高，高于农民人均纯收入不足以说明问题，其人均收入已经基本和城市居民人均可支配收入持平的现实，足以说明东升乡的经济发展水平。

表 11　北京市海淀区东升乡人均收入与北京市、海淀区人均水平比较

收　入	2005 年	2006 年	2010 年
东升乡人均所得	15 806.0 元	17 240.0 元	28 411.0 元
北京市城市居民人均可支配收入	17 653.0 元	19 978.0 元	29 073.0 元
北京市农村居民人均纯收入	7 860.0 元	8 620.0 元	13 262.0 元
海淀区城市居民人均可支配收入	18 478.8 元	21 441.2 元	37 746.4 元
海淀区农村居民人均纯收入	9 986.6 元	11 001.8 元	20 015.0 元

资料来源：东升乡的数据源于东升乡提供的资料；北京市和海淀区的数据源于《北京统计年鉴》和《海淀统计年鉴》。

显然，"苏州现象"给出的提示是，经济增长是重中之重，这必然会强化地方官员关于 GDP 政绩观的认识。于是我们看到，每当经济过热，经济结构严重失调，经济发展面临着调整的时候，地方政府觉察到中央将出台紧缩性调控政策的时候，采取的对策不是减速，而是加速冲刺、赶进度，力争项目早建成、早投产、早获利，在中央政府关门之前挤进去，以规避政策风险。❶ 于是，我们看到了所谓的换届效应：新官上任三把火，把把火都指向经

---

❶ 武少俊. 2003 ~ 2004 年宏观调控：地方与中央的博弈［J］. 金融研究，2004（9）：51 ~ 56.

济增长，而在当前中国的经济增长模式下，固定资产投资是经济增长的主要拉动力——20 世纪 90 年代以来，政府换届的几个年份（1993 年、1998 年和2003 年）往往是固定资产投资增长的高峰年。从全社会投资看，1989～1993年投资平均增速为 15.9%，换届的 1993 年为 61.8%。1999～2003 年，前 4 年平均增速为 11.3%，而 2003 年达 27.7%。宏观层面如此，在区域中观层面，固定资产投资率更是居高不下。在 2003 年的这一轮宏观调控过程中，笔者曾经参与了北京市 H 区"十一五"规划的编制，曾经对该区做过调研。数据显示，H 区"九五"期间累计投资 46.7 亿元，"十五"期间计划投资累计 70 亿元，但 2002～2004 年固定资产投资已达 109 亿元。从 1999～2004 年的数据来看，该区 GDP 年增长比率为 17.21%，固定投资增长比率为 35.70%。该区2003 年固定资产投资占 GDP 比重最高达 61.37%，2004 年下降为 56.36%；但仍然远高于 2003 年全国 42% 的比率和 2004 年 51.5% 的水平。2006 年，该区完成固定资产投资 590 857 万元，同比增长 23.5%，高于北京市全市 19.3% 的平均水平。2007 年全年和 2008 年上半年，由于奥运会的影响和该区生态涵养发展区功能定位的确定，该区固定资产投资增速开始下降。2007 年该区完成固定资产投资 69 亿元，同比增长 16.8%；2008 年上半年该区完成固定资产投资 28.7 亿元，同比增长 14.6%。但在该区的某些乡镇当中，仍有部分乡镇在2007 年的固定资产投资增速保持非常高的态势。比如，该区 A 镇 2007 年的数据是同比增长 42.1%，B 镇同比增长 41.6%，C 镇同比增长 36.4%。如此关注固定资产投资和如此之高的固定资产投资增长率，经济过热也就难以控制，宏观调控效果也很难令人满意。

潜在收益之二是提高地方财政收入，控制更多资源。

公共选择理论的实证研究证明，政府官员的大部分目标都与其所在机构的预算规模呈正相关关系。而政府预算规模又与政府权力的大小呈正相关，即政府预算越大，权力越大，机构负责人地位越高，该机构所控制的社会资源也就越多。因此，为了追求个人的地位、权力和收入，政府官员必然千方百计地追求本机构预算的最大化，追求对政府权力的有效控制，尽可能扩大本部门的规模。这与帕金斯定律所展示的逻辑不谋而合，英国学者帕金斯曾在其著作《官场病——帕金斯定律》中，解释了官僚机构的扩张本性。❶ 对于地方政府而言，其预算规模决定于财政收入。在计划经济体制下，地方政府的收入来源于中央政府的计划拨款，改革开放后，随着财政分权体制的建立，地方政府的税收和预算外收入均来源于本辖区，客观上使得地方政府有了发展地方经济的动力。对此，有研究表明，地方政府的可支配财政预算规模直接与本地区社会总产出水平（可简单理解为经济总量）正相关——地方政府的预算规模取决于两个因素，一是与本地区经济发展水平相联系的财政收入规模，二是中央和地方分享财政收入的比重，而后者在一定时期内是刚性的。❷

同时，分税制改革后，事权下放后带来的财政压力和中央政府所采取的一些带有机会主义色彩的行为也加剧了地方政府追求地方财政收入源泉的动力。对此，有学者观察到，分税制的改革伴随着财权的集中上收和事权下放，地方财政压力增大，而中央政府可以根据自身的利益进行政策调整、制定财政政策和制度，使地方政府在与中央政府分配资源的过程中往往处于不利的地位。❸例如，个人所得税原来为地方税，2002 年改为中央和地方共享税，中央占 50%，2003 年进一步调整为中央占 60%；证券交易印花税中央开始占 50%，后来调整为 88%，再次调整为 97%。财政压力和中央政府的机会主义做法刺激了地方政府的机会主义倾向，使得地方政府倾向于将预算内收入转化为预算外收入，提高了他们追求地方财政收入源泉的动力。

显然，一方面，在相对短暂的任期内谋求快速发展地方经济、提高地方财政收入，招商引资是不二法门，于是投资的膨胀和对土地的占用又变得不可避免；另一方面，在紧缩性的宏观调控中，特别是从扩张性的宏观调控向紧缩性的宏观调控政策转向过程中，地方政府即使不会从自身收益的角度去主动博弈中央政府的紧缩性措施，来自市场的压力也使得它无法做出顺应中央政府政策取向的选择。这其中的逻辑是：顺应中央政府政策取向的选择不但无法获得收益，反而可能减少收益甚至付出更多成本。经济增长之所以成为地方政府领导

---

❶ 刘智峰. 第七次革命 [M]. 北京：经济日报出版社，1998：25.
❷ 杨瑞龙. 我国制度变迁方式转换的三阶段论 [J]. 经济研究，1998（1）：4~10.
❸ 董在平. 经济转轨、财政分权与预算软约束 [J]. 审计与经济研究，2007（4）：88~92.

干部绩效考核的核心指标，是因为经济增长是可见的、可比较的，而"顾大局、识大体"是难以衡量的。所以，地方政府领导干部由于优秀的经济增长绩效而得以晋升的个案频出，而由于"顾大局、识大体"而得以晋升的个案鲜见。中央政府采取紧缩措施时，势必会导致部分企业退出已经开发的项目，中央政府不必为此付出代价，而地方政府则不同。地方政府对区域经济发展的刺激是通过市场引导来实现的，很多项目是经过千辛万苦地招商引资在本地落地的，项目一旦投入开发，市场成本就已经发生，若要退出项目，市场成本只能由地方政府和相应的企业分摊，地方政府在未来招商引资时也会承担巨大的诚信压力。在现实的市场压力面前，地方政府即使不"趋利"，仅从"避害"的角度考量，也很难去顺应中央政府的紧缩性措施。

关于潜在的成本，只有一个，即地方政府博弈中央的宏观调控政策被查处。但由于相关的制度供给不足，处分力度不够，大大降低了违规的成本。从目前发生的被查处案例来看，处分多是行政层面的，从行政警告直至丢掉职位，但很少真正出现撤职查办，即使被撤职查办后也有一些官员又复出。在这方面有两个典型案例，一是对常州"铁本事件"的处理。2004 年 4 月 28 日，时任总理温家宝主持召开国务院常务会议，研究整顿土地市场治理工作，责成江苏省和金融监管部门对江苏铁本项目涉及的有关责任人做出严肃处理，而后铁本公司法人代表戴某涉嫌经济犯罪被刑拘，时任常州市市委书记范某被党内严重警告，时任江苏省国土资源厅副厅长王某被责令辞职。二是 2004 年 5 月中旬对宁波"建龙事件"的处理，这是继"铁本"被有关部门查处后，又一家钢铁企业违规事件。浙江省省委、省政府根据调查结果，依法对宁波建龙钢铁公司违规建设钢铁项目的有关问题及责任人员做出严肃处理。宁波市计委副主任被处以行政撤职和撤销党内职务处分，其余相关人员被处以严重警告处分和行政警告处分等。显然，与安全生产方面的问责风暴相比，地方政府博弈宏观调控政策付出的潜在成本可谓很低，更无法与计划经济时期以阶级斗争为纲的处理方式和严厉程度相比。著名制度经济学家诺思曾经指出："制度是一系列被制定出来的规则、守法程度和行为的道德伦理规范，它旨在约束主体福利或效用最大化利益的个人行为。"❶制度的意义在于能够通过惩戒而约束个人行为，如果不能有效惩戒，制度就名存实亡。对违规行为的处罚力度不够，当然不足以引起重视。

宏观调控方面制度供给不足的表现还在于，许多宏观调控的财政政策、货币政策和土地政策等措施都是通过中央政府和部门的"决定"或者"通知"的方式来传达和执行的，没有法律的规范；而国家规划虽然经全国人民代表大会通过，具有了形式上的法律地位，但是实质上仍然缺乏法律规定，其作用难以发挥。显然，制度供给的不足，大大降低了博弈的风险。

宏观调控方面制度供给不足的另一类表现是，中央政府也是由多个部门构成的，宏观调控政策本身就来自不同部门，而部门之间有时缺乏步调一致，不但使得地方政府无所适从，也动摇了中央宏观调控的权威性，抵消了调控的力度，使得中央批评和约束地方时底气不足。以房地产市场的宏观调控为例：中国人民银行2003年发布了旨在控制房地产贷款风险的第121号文件，出台了房贷新政，建设部转身以国务院的名义发出第18号令肯定房地产健康发展，而两者的取向是不一致的；2004年建设部发布报告批驳房地产"泡沫论"，中国人民银行则决定提高利率。这种中央部门多只"看得见的手"宏观调控政策取向不一致的现象，当然给地方博弈中央的政策创造了空间。

基于上述分析，从收益和成本分析的角度看，在地方政府政绩考核体制和财政分权体制和宏观调控违规纠错体制缺位的多种作用下，在紧缩性的宏观调控背景下，地方政府博弈中央宏观调控政策是合算的，因此在主观上有意愿和冲动。

关于问题四：地方政府有没有能力与中央政府的宏观调控政策进行博弈？换言之，地方政府有没有能力成为固定资产投资进而经济过热的主导力量？对于该问题，答案仍然是肯定的：地方政府具有动员资金和土地资源的能力，从而有能力成为固定资产投资进而经济过热的主导力量。

第一，地方政府可以通过变通的方式举债融资。在当前中国单一制的政治体制框架内，地方政府没有发行债券的权利，但是国有企业有权发行债券，于

---

❶ 道格拉斯·诺思. 经济史中的结构与变迁 [M]. 上海：上海三联书店，上海人民出版社，1994：225.

是很多地方政府通过成立各种从事城市基础项目投融资和经营管理的城市建设投资公司发行债券融资。这种公司目前来看包括两类：一类是由地方财政全资成立的非经营性国有投资公司，融资由财政担保，偿债依赖财政；另一类是政府控股的经营性公司，有一定经营收入，但融资也主要靠财政担保。尽管从法律上讲，这些地方政府担保的债务是无效的，但在实践中这种现象是很普遍的。

第二，地方政府拥有一定的土地使用审批权限，于是在"经营城市"理念指导下，土地收入是近年来各地政府特别是城市政府的重要收入来源。据中国土地政策改革课题组对东部某省某县的调查，该县 2003 年土地出让金收入占年度政府城市基础设施建设投资的 32%。❶ 事实上，由于信息不对称的影响，很多地方政府还经常越权审批。

第三，地方政府对金融机构拥有一定的影响力，从而能够通过银行—政府合作获得银行贷款或者为企业提供贷款担保，提高投资能力。地方政府的这种影响力首先体现在能够利用行政权力对国有银行施加软性影响——地方政府对国有银行和股份制银行虽然没有人事权，但银行系统的发展、用水用地用电都需要地方政府的关照，银行系统员工家属的生活工作也需要地方政府关照。其次，地方政府对近年来从城市信用社改制的城市银行以及从农村信用社改制的农村商业银行的人事安排具有很强的影响力，能够直接施加硬性的行政干预。事实上，随着近年来各大国有商业银行的股份制改造，地方政府的融资要求很容易得到满足。股份制改造要求商业银行降低不良资产率，而通过大量新增贷款扩大分母的方式是降低不良资产率的有效途径。于是通过银行—政府合作，商业银行有旺盛的放贷热情，地方政府的投资热情有了货币资金的基础。在"铁本事件"中，地方政府就充分展现出强有力的金融资源动员能力。国务院检查组的调查显示，中行、建行、农行等 6 家银行分支机构为铁本项目提供金融支持，截至 2004 年 2 月末，中国银行常州分行等金融机构对铁本公司及其关联企业合计授信余额折合人民币 43.39 亿元，其中 25.6 亿元的银行贷款已实际投入到项目中去。

第四，地方政府在预算没有安排资金或者资金不足的情况下，可以通过摊

---

❶ 中国土地政策改革课题组. 土地解密：土地财政与地方政府 [J]. 财经, 2006 (4).

派、收费的方式筹集资金，特别是筹集基础设施建设方面的资金，但这种方式由于伤害到招商引资的效果并不经常使用。

上述四点，仅仅是对地方政府拥有的动员资金和土地资源能力的简单概括，而在实际经济生活中，地方政府在此方面有着灵活的、无穷的创造力。这方面有着无数的鲜活个案，"铁本事件"中的江苏省和常州市有关部门无疑是一个负面典型，而上海则是一个充分展现资金和土地资源动员能力的积极正面的典型。上海市 1992 年就成立了上海城市建设投资总公司，专门负责城市开发，仅这一家公司在1992~2004 年期间就通过各种渠道为上海筹集了 1 200 亿元左右的城建资金，这一模式被上海复制到工业、农业、商业、地产、体育等各个领域，相继成立了上海国有资产经营有限公司、上海大盛资产有限公司、上海盛融投资有限公司等。❶

3.2.2 宏观调控中地方政府经济调节的行为断裂

于是，围绕上述四个问题的分析和回答，得到如下结论：其一，地方政府并不是一味地与中央宏观调控逆向行动的，在扩张性的宏观调控过程中，地方政府是积极与中央的政策取向合作、互动的。其二，地方政府逆向博弈国家宏观调控政策的行为发生在以控制经济过热的紧缩性的宏观调控过程中。其三，紧缩性的宏观调控政策目标与地方政府的职能定位与发展需求出现了矛盾，地方政府就有愿望、有动力去和中央的宏观调控政策进行博弈。其四，地方政府有能力成为固定资产投资过热进而经济过热的主导力量。上述结论说明，地方政府的经济调节行为在宏观调控中发生了断裂：即在扩张性的宏观调控中，地方政府的行为取向与中央政府是一致的；在紧缩性的宏观调控中，地方政府的行为取向与中央政府是不一致的，甚至会逆向而动，成为宏观调控的破坏性因素。

如何理解宏观调控中地方政府经济调节的行为断裂？本书认为，应该在中国经济转型的历史进程中去理解。随着中国从传统的计划经济体制向社会主义市场经济体制的转型，中国政府的国民经济管理行为也从运用计划手段全面控制经济运行向基于市场机制的宏观调控转变。市场经济的核心精神是分权和竞

---

❶ 王云帆. 长三角大悬念 [M]. 杭州：浙江人民出版社，2008：3.

争，因此在逐步形成的社会主义市场经济体制框架内，中国中央政府和地方政府逐渐具有了相对独立的利益和目标。中国中央政府承担着引领国民经济发展并进行宏观调控的职责，而地方政府则承担着引领地区经济发展并配合中央政府做好国民经济管理工作的职责。在以经济建设为中心的时代背景下，经济发展绩效成为干部绩效考核，特别是中央考核地方政府绩效的主要指标，同时由于以分税制为核心的财政分权体制的改革，地方政府的利益和地方经济的发展关系日益密切。这些具体的制度安排激励了地方政府招商引资、扩大投资的热情。于是，在治理经济低迷、刺激经济增长的宏观经济背景下，在扩张性的宏观调控过程中，地方政府招商引资、扩大投资的热情与国家宏观调控的政策取向是一致的，地方政府成为高速经济增长的重要推手。而在经济发展逐步趋向过热的宏观经济背景下，以控制、治理经济过热为目标的紧缩性宏观调控政策和地方政府的发展愿望出现了矛盾，使得后者产生了博弈的动机。在目前的制度安排下，很少有因博弈中央宏观调控政策而受到严厉处罚的典型个体，同时又有更多因经济增长绩效良好而得到提拔重用的典型个体出现而形成了强烈的示范效应。这导致与宏观调控政策进行博弈成为普遍的现象，地方政府纷纷运用手中的权力和影响力去获取土地和资金，大干快上地搞开发区建设、招商引资，加剧了经济过热的局面。"铁本事件"就是地方政府有动力、有能力并和企业一起行动的一个典型个案。根据新华社记者徐寿松的深度调查分析，常州市政府做出升级铁本项目的决策与常州市在长三角激烈的经济竞争中试图实现经济赶超的战略意图密切相关。❶ 改革开放之初，苏锡常三地经济地位相当，但经过 20 多年的竞争与发展，苏州大大超过无锡，而常州又不及无锡。2000年前后，江苏省"第二方阵"的南通和徐州发展势头很猛，常州有从"第一方阵"中被淘汰出局的危险。常州市政府经过仔细研究，认为制约常州发展的一个重要原因是缺少大企业和大项目的强力支撑。铁本的发展规划正好符合常州市政府的战略意图。于是市政府高度介入，全力支持，在土地拆迁、项目审批和银行贷款等方面提供了积极的协助和帮助，最终在宏观调控的"铁腕风暴"中酿成了"铁本事件"。

回顾前面的分析逻辑，我们可以构建出如图 1 所示的紧缩性宏观调控中地

---

❶ 徐寿松. 铁本调查：一个民间钢铁王国的死亡报告 [M]. 广州：南方日报出版社，2005.

方政府博弈中央政策的一个理论逻辑模型。

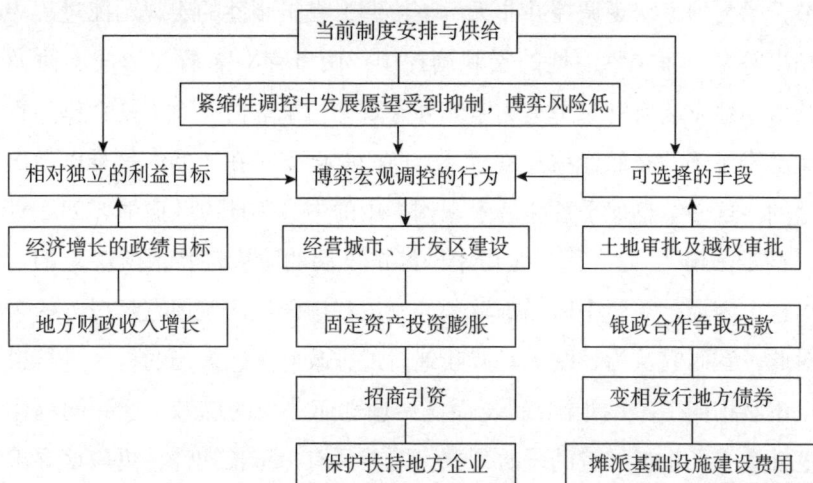

```
              ┌────────────────────┐
              │  当前制度安排与供给  │
              └────────────────────┘
              ┌──────────────────────────────┐
              │ 紧缩性调控中发展愿望受到抑制，博弈风险低 │
              └──────────────────────────────┘
┌──────────────┐  ┌──────────────┐  ┌──────────────┐
│ 相对独立的利益目标 │  │ 博弈宏观调控的行为 │  │  可选择的手段  │
└──────────────┘  └──────────────┘  └──────────────┘
┌──────────────┐  ┌──────────────┐  ┌──────────────┐
│ 经济增长的政绩目标 │  │ 经营城市、开发区建设 │  │ 土地审批及越权审批 │
└──────────────┘  └──────────────┘  └──────────────┘
┌──────────────┐  ┌──────────────┐  ┌──────────────┐
│ 地方财政收入增长 │  │ 固定资产投资膨胀 │  │ 银政合作争取贷款 │
└──────────────┘  └──────────────┘  └──────────────┘
                  ┌──────────────┐  ┌──────────────┐
                  │   招商引资    │  │ 变相发行地方债券 │
                  └──────────────┘  └──────────────┘
                  ┌──────────────┐  ┌──────────────────┐
                  │ 保护扶持地方企业 │  │ 摊派基础设施建设费用 │
                  └──────────────┘  └──────────────────┘
```

图1　紧缩性宏观调控中地方政府博弈中央政策的理论逻辑模型

　　这一理论逻辑模型说明，在紧缩性的宏观调控中，地方政府对中央的宏观调控采取博弈而不是合作的行为并非是缺乏大局观念的产物，而是当前制度安排下制度供给导致的必然产物。如果不对现行的制度安排进行改革，那么对地方政府博弈中央政府宏观调控政策的激励和动力就仍然存在，未来某个时期实施的紧缩性宏观调控政策仍然不会有效，中国经济仍将面临局部经济过热进而整体过热的考验，进而面临重复建设、产能过剩的考验。既然是制度供给决定了地方政府行为的取向，那么继续加大调控力度就只能是扬汤止沸，要根本解决问题就必须釜底抽薪，对制度安排进行彻底的改革，使地方政府彻底转变职能，回归市场经济体制框架内公共产品和公共服务供给者的轨道。但是，中国作为政府主导型的社会主义市场经济国家，赶超战略在一个相当长的历史时期内仍然是中国经济社会发展的主导战略，❶ 在这样的背景下政府作为经济增长的重要推手，其作用在短期内是其他经济成分无法替代的。因此，对制度安排进行彻底改革的愿望在短期内是不现实的——对制度安排的彻底改革将可能导致经济增长的乏力，进而影响到赶超目标的完成。

---

　　❶ "三步走"的战略部署说明，中国经济的赶超之路至少要到21世纪中叶，到中国第三步战略目标完成。

综上所述，我们得到了一个看起来并不乐观的结论：首先，地方政府的经济调节行为与国家宏观调控并非天然不协调，在扩张性的宏观调控过程中，两者是相得益彰，而在紧缩性的宏观调控中，两者存在矛盾并形成不协调的现实。其次，地方政府针对中央的紧缩性宏观调控采取博弈而不是合作的行为是当前制度安排下的必然产物。最后，当前的制度安排在短期内是难以做出战略性调整的。这一结论似乎意味着宏观调控中的中央和地方政府博弈问题进入了一种"两难困局"，这一困局是由中国经济发展的阶段性特征所决定的。要完全走出这个困局，需要中国经济转型的完成和中国经济发展赶超任务的全面完成。对此，本研究认为，既不必武断地对地方政府不顾大局的行为进行道德批判，也不必拘泥于"两难困局"，而应做理性而深入的思考。这一问题作为中国特色社会主义市场经济的矛盾现象，既然具有一定长期性，更应该寻求其解决之道。

本章小结

本章对宏观调控中的中央和地方政府博弈现象进行了分析，并构建了一个地方政府博弈中央宏观调控政策的逻辑模型。本书认为，当前宏观调控中在某种程度上确实存在中央政府和地方政府的博弈，但这种博弈关系是复杂的，不能简单地将其理解为"对立"的关系。地方政府的经济调节行为与国家宏观调控并非天然不协调：在扩张性的宏观调控过程中，两者能够做到相得益彰；在紧缩性的宏观调控中，地方政府经济调节行为发生了断裂，从合作畸变为博弈与对抗。地方政府行为从合作畸变为博弈与对抗的断裂并非是缺乏大局观念的产物，而是当前制度安排下制度供给导致的必然产物。在以经济建设为中心的时代背景下，经济发展绩效成为中央考核地方政府绩效的主要指标，同时由于以分税制为核心的财政分权体制的改革，地方政府的利益和地方经济的发展关系日益密切。这两项具体的制度安排激励了地方政府招商引资、扩大投资的热情。于是，以控制、治理经济过热为目标的紧缩性宏观调控政策和地方政府的发展愿望出现了矛盾，使得后者产生了博弈的动机。在目前的制度安排下，一些因博弈中央宏观调控政策而受到处罚的典型个体仅仅受到轻微的处罚，同时又有更多因经济增长绩效良好而得到提拔重用的典型个体出现而形成了强烈的示范效应。这导致与宏观调控政策进行博弈成为普遍的现象，地方政府纷纷运用手中的权力和影响力去获取土地和资金，大干快上地搞开发区建设、招商引资，从而加剧了经济过热的局面。

4 对策与建议：地方政府经济调节与国家宏观调控的统筹协调

经过前面的分析可知，中央和地方在宏观调控中的博弈现象是中央地方关系问题在中国经济转型过程中在宏观调控这个新领域出现的新表现。转型期的制度安排诱发了地方经济调节与国家宏观调控的不协调，导致了地方政府经济调节行为从合作向博弈的断裂，更由于制度安排调整的长期性，实现地方政府经济调节与国家宏观调控统筹协调面临"两难困局"。要打破这一困局，就必须在制度安排方面有所调整。在此，本书从基本理念和具体对策两个层面，就当前治理宏观调控中的中央和地方博弈问题，实现地方政府经济调节与国家宏观调控统筹协调提出以下建议。

4.1 基本理念

4.1.1 重视和加强针对中国经济转型现实的理论研究和经验总结

实现地方政府经济调节与国家宏观调控的统筹协调，是中央地方关系协调的重要内容，而当代中央地方关系的变迁是在中国经济转型、建设社会主义市场经济的历史大背景下展开的。中国经济转型、建设社会主义市场经济的历史进程方兴未艾，因此建立新型的中央地方关系将是一个长期的复杂的历史过程，不可能一蹴而就。对于现实生活中出现的种种新问题、新状况只能在实践中通过渐进地改革不断调整，在不断地探索和试验中才能最终找到符合中国国情的中央地方模式。这就要求我们重视和加强针对中国经济转型现实的理论研究。

1978 年以来，中国特色的社会主义市场经济建设已经开展 30 余年，其间出现了许多需要在理论上予以解释的现象、事物和规律。中央和地方在宏观调控中的博弈现象是中央地方关系问题在中国经济转型过程中在宏观调控这个新领域出现的新表现，对这些新领域、新问题以及老问题的新表现需要深入的研究。但事实上，中国社会主义市场经济发展的步伐很快，理论研究的跟进相对滞后。理论研究的相对滞后，容易导致理性认知的缺乏，进而导致观察和处理问题力所不逮。

宏观调控就是理论研究相对滞后的一个典型。而在我们所探讨的命题中，宏观调控是一个基本概念。作为一个新概念、新实践，宏观调控是中国特色的宏观经济管理实践和由此衍生出的经济学概念。宏观调控在中国社会主义市场经济运行中发挥着重要作用，与西方经济学理论中的政府干预和宏观经济政策相比，中国宏观调控表现出明显的差异性和特殊性。首先，在西方经济学理论中，制度一般被认为是外生的，但中国宏观调控被视为社会主义市场经济的本质特征，甚至在宪法中加以强调；其次，在西方经济学理论中，结构问题是被忽视的，但中国宏观调控始终在强调结构的优化；最后，在西方经济学理论中，宏观经济政策主要是财政政策和货币政策，但中国宏观调控运用行政手段和规划手段实现宏观调控目标。对中国宏观调控的上述差异性和特殊性做出合理的解读是一个很有研究价值的理论命题，这一命题无法在西方经济学研究的主流范式中得到合理解释。破解宏观调控中的中央和地方博弈问题，实现地方政府经济调节与国家宏观调控的统筹协调，在这样一个宏观调控基本概念尚未清晰的情况下，对问题的理解必然难以深入。本书虽然尝试着对宏观调控的概念进行了界定，并建立了一个理解和分析中国宏观调控的理论框架，但仍然是粗线条的。

在理性认知的基础上，才有可能不断总结经验教训。改革开放是摸着石头过河，每个时期的矛盾都有其新的阶段性特征，必须及时进行经验总结，因地制宜、因势利导的思考和探索解决矛盾的思路和方法。正如毛泽东在《论十大关系》中所指出："在解决中央和地方、地方和地方的关系问题上，我们的经验还不多，还不成熟，希望你们好好研究讨论，并且每过一个时期就要总结经验，发扬成绩，克服缺点。"

4.1.2　充分发挥中央和地方两个积极性

从中国市场经济发展的历史现实看，中央集权与地方分权相结合的央地关系机制适应了市场经济的需要，中央和地方两个积极性的发挥极大地促进了经济发展。中央集权沿袭了中国的政治传统和文化传统，发挥了中央政府在社会主义市场经济建设中的主导作用，地方分权适应了市场经济的本质要求，改革开放三十年来取得的巨大成就，如成为制造业和引进外资大国、基础设施建设突飞猛进等，无不源于中央与地方积极性的高涨。特别是地方的积极性，在改革开放中，地方政府不但在地区经济增长中扮演了非常重要的角色，更是破除旧体制弊端、推动改革、孕育制度创新的重要力量，"中国许多重要的改革都是由地方政府发起、推动和直接参与的，成为中国改革进程中最亮丽的风景之一"。❶

发挥两个积极性的观点来源于毛泽东的《论十大关系》，这是毛泽东1956年4月25日在中共中央政治局扩大会议上的讲话。这篇讲话是中国共产党探索社会主义建设的重要文献，毛泽东在这一文献中论述了重工业和轻工业、农业的关系，沿海工业和内地工业的关系，经济建设和国防建设的关系，国家、生产单位和生产者个人的关系，中央和地方的关系，汉族和少数民族的关系，党和非党的关系，革命和反革命的关系，是非关系，中国和外国的关系十大关系。其中，第五大关系是中央和地方的关系。在这篇文献中，毛泽东强调中央和地方的关系是一个矛盾，要解决这个矛盾，应当在巩固中央统一领导的前提下，扩大一点地方的权力，给地方更多的独立性，让地方办更多的事情。原因在于中国是大国，人口众多，情况复杂。因此，分权管理（毛泽东称为"两个积极性"）比集权管理（一个积极性）更好。毛泽东明确指出："我们不能像苏联那样，把什么都集中到中央""要发展社会主义建设，就必须发挥地方的积极性。中央要巩固，就要注意地方的利益""必须充分发挥地方的积极性，各地都要有适合当地情况的特殊"。当然，毛泽东强调分权的基础是统一。他指出："为了建设一个强大的社会主义国家，必须有中央的强有力的统

---

❶ 周黎安. 转型中的地方政府：官员激励与治理［M］. 上海：格致出版社，上海人民出版社，2008：2.

一领导，必须有全国的统一计划和统一纪律，破坏这种必要的统一，是不允许的。"周恩来对分权的基础是统一也曾经有过精辟论述："中央与地方的关系，就是集权与分权的问题。注意分权也就是为了集权，二者也是辩证的，不是绝对的，否则就犯错误。苏联在这个问题上就过分集中了。我们是在集权之下的分权，不是只有分权。发挥地方上的积极性，就有利于集权。"❶

　　毛泽东论中央地方关系时强调的重点是发挥地方积极性，而宏观调控中的地方政府博弈中央现象的关键是地方政府积极性过高，影响了宏观形势，造成了经济过热。历史现实不同，但内在逻辑却有相似性，都是分权和统一的矛盾。毛泽东《论十大关系》中的相关观点，乃是建立在历史与现实基础上的真知灼见，在今天仍有其重要的思想价值。在加强中央统一领导的前提下，发挥两个积极性，仍然是我们实现地方经济调节和国家宏观调控统筹协调的不二法门。

4.2　具体措施

　　既然是转型期的制度安排诱发了地方经济调节与国家宏观调控的不协调，导致了地方政府经济调节行为的断裂，那就必须对症下药，针对出现问题的逻辑脉络设计治理方案。本书从针对性和操作性的角度提出以下建议。

4.2.1　调整领导干部政绩考核指标

　　以经济指标为核心的领导干部政绩考核制度刺激了地方政府的大干快上，要纠正地方政府的行为就要调整领导干部政绩考核，以促进正确政绩观的树立，以减小机会主义行为的获利空间。

　　全面树立、落实科学发展观曾经被视为树立正确政绩观的思想利器。思想观念、意识形态作为非正式制度，对社会的影响力是巨大的，正如丹尼尔·贝尔指出的："思想和文化风格并不改变历史——至少不会在一夜之间改变历史。但是它们是变革的必然序幕，因为意识上的变革——价值观和道德说理上

---

❶　中共中央文献研究室. 周恩来年谱（1949～1976）（上卷）［M］. 北京：中央文献出版社，1998：567～568.

的变革——会推动人们去改变他们的社会安排和体制。"❶ 按照制度经济学理论，思想、文化和意识形态等因素均属于非正式制度的范畴，社会意识形态作为非正式制度能够起到对正式制度补充的作用。凡勃仑曾经对制度做出如下定义："制度实质上就是个人或社会对有关的某些关系或某些作用的一般思想习惯。"❷ 林毅夫也曾经强调社会意识因素的制度性，认为制度作为管束人们行为的一系列规则，既包括正式的制度，如法律规章、企业组织规范、社会制度等；也包括非正式的制度，如价值观、伦理规范、道德、习惯和意识形态等。❸ 由中央自上而下倡导的科学发展观，就是以社会意识形态方式存在的一种非正式制度，它能够在一定程度上弥补正式制度安排的缺陷，约束各级官员，淡化其机会主义行为。

如果科学发展观能够真正内化为各级政府官员的认识、信仰和工作价值观，则在刚性的制度安排存在缺陷的情况下，统筹、协调、全面可持续的发展理念也能落到实处。但是，科学发展观作为社会意识形态，非正式制度并不能完全替代正式的制度安排，不能寄希望于它来解决全部的问题。如果经济增长的政绩显示决定官员晋升的干部考核任免体制完全不变，那么博弈宏观调控的机会主义行为仍然有获得丰厚回报的空间，科学发展观也就只能流于形式，成为理念和实践中的"两张皮"。所以，在学习和实践科学发展观的同时，必须要在政绩考核指标的设置上进行调整。

当然，当前的领导干部政绩考核指标是社会主义初级阶段基本路线的产物，是配合国家实施赶超战略的制度安排。其调整是一个战略性的举措，在短期内不可能做出剧烈的调整，但至少能够做到局部微调。具体而言，一要用全面反映经济、社会和人的发展的指标而不是片面地用经济指标来考核官员；二要在经济指标的设置上，既要有反映经济增长的指标，更要有反映经济发展的指标；三要在政绩的评价标准上，既要看数字，又不能唯数字，真正做到坚决杜绝"数字出干部"和"干部出数字"的现象。近年来，在领导干部政绩考核方面出现了一些积极的变化。2006 年，中共中央组织部下发了《体现科学

❶ 丹尼尔·贝尔. 后工业社会的来临 [M]. 上海：上海商务印书馆，1984：530.
❷ 凡勃仑. 有闲阶级论 [M]. 北京：商务印书馆，1964：139.
❸ 林毅夫. 财产权利和制度变迁——产权学派和新制度学派译文集 [M]. 上海：上海三联书店，1991：379.

发展观要求的地方党政领导班子综合考核评价试行办法》，提出要改变单纯强调 GDP 增长的考核方式，从更加综合的角度对地方官员的政绩进行考核，考核的指标更强调一个地区的经济发展水平，同时强调政绩考核要参照民意调查的群众满意度。2009 年，中共中央办公厅印发《关于建立促进科学发展的党政领导班子和领导干部考核评价机制的意见》，同年中共中央组织部下发《地方党政领导班子和领导干部综合考核评价办法（试行）》《党政工作部门领导班子和领导干部综合考核评价办法（试行）》《党政领导班子和领导干部年度考核办法（试行）》等文件，进一步强调"实绩分析主要依据有关方面提供的经济发展、社会发展、可持续发展整体情况和民意调查结果等内容，分析地方党政领导班子和领导干部在一定时期内的工作思路、工作投入、工作成效，重点评价贯彻落实科学发展观的实际成效"。

　　需要强调指出的是，领导干部政绩考核指标的调整有实调和虚调之分。实调，就是真正有领导干部的升迁因调整而发生变化，进而形成新的行为风气；虚调，就是停留在表述上，停留在形式上，"纸上画画，嘴上说说"，形成口号和现实的"两张皮"。2006 年起，组织部门就强调在领导干部政绩考核中体现科学发展观的要求，但现实效果并不容乐观。据有关媒体报道，新加坡国立大学邓永恒和清华大学吴璟等教授带领的研究团队在研究房价问题时，分析了283 个城市的市委书记和市长的业绩与升迁资料后发现：如果一个市长、市委书记在任期内的 GDP 增长率比前任领导每增长 1 个标准差，市委书记升迁的可能性会提高 4.76%。相反，如果市长和市委书记把投资用于水、空气治理、环保等和环境建设相关的地方，在 283 个城市中，在这方面平均每多投资 1 个标准差，市长和市委书记升迁的可能性下降 6.3%。❶ 这一现象表明，GDP 仍然在领导干部政绩考核中发挥核心作用。也正是因为这个原因，2013 年 11 月的中共十八届三中全会在《中共中央关于全面深化改革若干重大问题的决定》强调指出："完善发展成果考核评价体系，纠正单纯以经济增长速度评定政绩的偏向。"中共十八届三中全会后，中共中央组织部在 2013 年 12 月印发《关于改进地方党政领导班子和领导干部政绩考核工作的通知》，明确不再以 GDP 论英雄。该文件规定，今后对地方党政领导班子和领导干部的各类考核考察，

---

❶　房价上升，官位上升 [N]．第一财经日报，2013 - 08 - 12：A01．

不能仅仅把地区生产总值及增长率作为政绩评价的主要指标，不能搞地区生产总值及增长率排名，中央有关部门不能单纯依此衡量各省（自治区、直辖市）的发展成效，地方各级党委政府不能简单地依此评定下一级领导班子和领导干部的政绩和考核等次，对限制开发区域和生态脆弱的国家扶贫开发工作重点县取消地区生产总值考核。

需要冷静的是，以 GDP 为核心的领导干部政绩考核制度在中国长达 30 多年的高速经济增长过程中发挥了重要的作用，其实质性的调整绝非一朝一夕之功，需要各方面长期努力。

4.2.2　国家发展战略的适度优化调整

以 GDP 为核心的领导干部政绩考核取向似乎积重难返，其原因在于：政绩考核指标的调整受制于政府职能的设定，而政府职能与国家发展战略、社会主义初级阶段的基本路线有关。在这里，更重要的逻辑链条是：逐步淡化地方政府的经济调节职能是调整以 GDP 为核心的领导干部政绩考核制度的前提，而淡化地方政府的经济调节职能的前提则是国家发展战略的适度优化调整。

新中国成立后，和许多发展中国家一样，国家发展战略选择了赶超战略。1978 年以前，服务于赶超战略的经济体制是传统计划经济体制；1978 年以后，发展战略没有发生变化，服务于赶超战略的经济体制是社会主义市场经济体制。社会主义初级阶段的基本路线被概括为"一个中心、两个基本点"，即"以经济建设为中心，坚持四项基本原则，坚持改革开放"；发展战略规划被概括为"三步走战略"。1978 年改革开放后的发展思路和理念源于邓小平思想。邓小平曾鲜明地指出，在当代中国"发展是硬道理"❶"中国解决所有问题的关键是要靠自己的发展"。❷ 而发展的重点，他指出是经济建设："抓住时机发展自己，关键是发展经济。"❸ 他强调经济建设的中心地位："现代化建设的任务是多方面的，各个方面需要综合平衡，不能单打一。但是说到最后，还是要把经济建设当作中心。离开了经济建设这个中心，就有丧失物质基础的危

---

❶ 邓小平文选（第 3 卷）［M］. 北京：人民出版社，1993：377.
❷ 邓小平文选（第 3 卷）［M］. 北京：人民出版社，1993：265.
❸ 邓小平文选（第 3 卷）［M］. 北京：人民出版社，1993：375.

险。其他一切任务都要服从这个中心，围绕这个中心，决不能干扰它，冲击它。"❶ 1987 年 4 月 30 日，邓小平会见西班牙工人社会党副总书记、政府副首相格拉时提出了"分三步走"的发展战略规划。邓小平说："我们原定的目标是，第一步在八十年代翻一番。以 1980 年为基数，当时国民生产总值人均只有二百五十美元，翻一番，达到五百美元。第二步是到本世纪末，再翻一番，人均达到一千美元。实现这个目标意味着我们进入小康社会，把贫困的中国变成小康的中国。那时国民生产总值超过一万亿美元，虽然人均数还很低，但是国家的力量有很大增加。我们制定的目标更重要的还是第三步，在下世纪用三十年到五十年再翻两番，大体上达到人均四千美元。做到这一步，中国就达到中等发达国家的水平。"❷ 在 1987 年 11 月召开的中共十三大上，这一战略规划被确定为我国经济发展战略。

当前的政绩考核标准是服务于以经济建设为中心的社会主义初级阶段基本路线和"三步走"发展战略的，因此，政绩考核标准的优化有赖于发展战略的优化调整。那么，赶超战略是否有调整优化的必要和可能呢？本书认为，赶超战略，从毛泽东到邓小平，特别是邓小平的发展理论是在我国贫穷落后的特定背景下，从整个国家发展的大局和战略的高度，坚持以经济建设为中心，调动和激活国内外一切积极因素，抓住可发展的重点和突破口，提出"发展是硬道理"，强调发展的侧重点。经过三十多年的发展，我国的生产力水平得到了显著提高，人民生活得到显著改善，赶超战略的基本目标已经实现，今后更重要的发展命题在于统筹协调可持续，在于经济发展质量而非经济总量，赶超战略的实施到了一个需要反思、调整的历史阶段。目前，中国在经济总量上已经是世界第二大经济体，在人均水平上也已经进入上中等国家的行列。世界银行按人均国民总收入对世界各国经济发展水平进行分组：低收入国家、中等偏下收入国家、中等偏上收入国家和高收入国家。2010 年中国就已经进入上中等收入经济体行列。世界银行 2010 年的具体界定标准是：低收入经济体为 1 005 美元或以下者；中下等收入经济体在 1 006 ~ 3 975 美元；中上等收入经济体在 3 976 ~ 12 275 美元；高收入经济体为 12 276 美元或以上。从世界银行

❶　邓小平文选（第 2 卷）［M］．北京：人民出版社，1994：250．
❷　邓小平文选（第 3 卷）［M］．北京：人民出版社，1993：226．

的统计口径来看，2010 年中国人均国民总收入 4 260 美元，从中国国家统计局的统计口径来看，2010 年中国 GDP 401 202 亿元，相当于人均 4 277 美元（按 13.4 亿人口和 1 比 7 的汇率计算）。在取得巨大成就的同时，中国经济面临着经济和社会方面许多新的挑战。赶超战略的具体内容需要进行优化调整并在党和国家的纲领性文件中给予明确说明，而科学发展观和中共十八大提出的"五位一体"的总体战略格局，正是在现实需要的基础上对赶超战略的丰富和创新，只是尚未在理论高度上给予历史性的明确。

综上，今后应该更加强调科学发展，强调"五位一体"的总体战略格局，并将这一思路提升到国家发展总体战略的历史高度。只有这样，才能促进相关具体制度安排的优化和调整，才能有力地推进行政管理体制改革、事业单位体制改革，真正实现政府职能的切实转变，逐步淡化地方政府的经济调节职能。中共十八届三中全会在《中共中央关于全面深化改革若干重大问题的决定》提出的"加强中央政府宏观调控职责和能力，加强地方政府公共服务、市场监管、社会管理、环境保护等职责"，没有继续对地方政府的经济调节职能给予强调，其实质就是在淡化地方政府的经济调节职能，这种淡化能否落到实处，与国家发展战略能否适度优化调整密切相关。

4.2.3 财政税收体制的改革完善

以分税制为核心的财政税收体制问题是诱发地方政府在宏观调控中发生行为断裂的又一关键因素，因此在优化领导干部政绩考核制度的同时，需推进财力与事权相匹配的中央与地方财政体制改革，优化财政税收体制。鉴于这方面的内容理论界已经有诸多论述，本书在此不做太多笔墨功夫，仅强调若干要点。

1994 年的分税制改革以后，中央财政调控能力得到大幅度提升，但也造成"财力重心上移而事权重心下移"的局面，使得地方政府特别是基层县乡财政困难日益凸显。针对此问题，应按照突出重点、兼顾一般、稳步推进的原则，完善中央与地方财政管理体制。这方面的方向是明确的，十六届六中全会提出"进一步明确中央和地方的事权，健全财力和事权相匹配的财税体制。完善中央和地方共享税分成办法，加大财政转移支付力度，促进转移支付规范化、法制化"。中共十七大报告提出"健全中央和地方财力与事权相匹配的体制""规范垂直管理部门和地方政府的关系"。中共十八大报告提出"加快改革财税体制，健全中央和地方财力与事权相匹配的体制，完善促进基本公共服务均等化和主体功能区建设的公共财政体系，构建地方税体系，形成有利于结构优化、社会公平的税收制度"。最近的十八届三中全会提出："建立事权和支出责任相适应的制度。适度加强中央事权和支出责任，国防、外交、国家安全、关系全国统一市场规则和管理等作为中央事权；部分社会保障、跨区域重大项目建设维护等作为中央和地方共同事权，逐步理顺事权关系；区域性公共服务作为地方事权。中央和地方按照事权划分相应承担和分担支出责任。中央可通过安排转移支付将部分事权支出责任委托地方承担。对于跨区域且对其他地区影响较大的公共服务，中央通过转移支付承担一部分地方事权支出责任。保持现有中央和地方财力格局总体稳定，结合税制改革，考虑税种属性，进一步理顺中央和地方收入划分。"

思路和方向明确了，关键在于落实，其中有两个关键环节。

一是要进一步厘清各级政府的公共职责和公共权限，进一步明晰各级政府事权和公共支出责任。中央与地方政府间事权的科学界定与划分，是实现各级政府间事权与财力相匹配的先决条件，事权决定了各级政府承担经济和社会事务的性质和范围，是进行政府间支出责任划分、财权配置和财力分配的基本依据。只有首先界定了中央与地方政府的事权范围，继而明确各级政府相应的支出责任，在此基础上进行财权配置和财力分配，通过层层递进关系，才能促进实现各级政府事权、财力的合理匹配。中共十八届三中全会在《中共中央关于全面深化改革若干重大问题的决定》提出的"国防、外交、国家安全、关系全国统一市场规则和管理等作为中央事权；部分社会保障、跨区域重大项目建设维护等作为中央和地方事权""区域性公共服务作为地方事权"为明晰中央地方事权的合理划分确立了大原则。如何在政府间事权以纵向划分为主，地方政府的事权取决于中央政府的决策与部署，上下级政府关系中蕴含着明显的"委托—代理"关系的中国现实中，实现对政府间事权的合理划分，需深入探索。

二是调整和完善中央与地方、地方各级政府间的税收关系和财政转移支付制度，合理分配财力，合理划分税权，特别是培植地方税种。地方政府目前还缺乏自己的主体税种，对地方财政收入贡献较大的都是共享税。地方税的建设要加强，消费税、营业税、物业税等可以作为各级地方主体税的选择。未来，地方政府可将物业税作为未来本级主体税种培育，辅以城市维护建设税，增加地方收入来源。另外，很多研究者建议将个人所得税由共享税逐渐调整为中央税。本研究却以为更应继续保持为共享税并提高地方所占比例，至少是中央地方各半的格局，或者直接调整为地方税。因为个人所得是地方政府治理绩效的重要成果，个人所得税与地方政府存在直接联系或者调整为地方税可促进地方政府的善治，刺激地方政府提升公共服务水平。倒是资源税应该由共享税调整为中央税。因为资源分布具有非均衡的特点，资源开采利益驱动极易引发资源的无序竞争，造成国家战略资源浪费。国家要集中收取资源税，同时加强对资源生产枯竭地区的转移支付，保证地方政府的正常运转和公共服务职能的正常发挥。同时，完善中央对地方的转移支付制度，实现财力重心适当向基层政府倾斜，并简化转移支付方式，改变当前专项转移过多的比例结构，以一般性转移支付、财力性转移支付为主，专项性转移支付为辅。

4.2.4 进一步完善宏观调控体系，同时发挥经济手段和行政手段的作用

社会主义市场经济体制条件下，经济性手段应该作为宏观调控的主要工具，但由于转型期的复杂性，仍然不能完全放弃行政性手段。

所谓行政手段，是指国家凭借政治权力，通过颁布命令、指示、规定等形式，按行政系统、行政层次和行政区划来直接调节经济活动的手段。其实质在于通过非市场化规制或行政监督，以平抑经济发展中的异常波动为出发点参与宏观调控，以直接影响市场主体的供需活动或政府各级职能部门的政策执行活动，求得宏观经济目标的最终实现。相对于经济性手段，行政手段具有以下六个特点：①权威性。行政手段以权威和服从为前提，行政命令接受率的高低在很大程度上取决于行政主体的权威大小。提高领导者的权威有助于提高行政手段的有效性。②强制性。上级发出的命令、指示、决定等，下级必须坚决服从和执行。③垂直性。行政指示、命令是按行政组织系统的层级纵向直线传达，强调上下级的垂直隶属关系，横向结构之间一般无约束力。④具体性。一定的行政命令、指示只在特定时间对特定对象起作用。⑤非经济利益性。行政主体与行政对象之间的关系不是经济利益关系，而是一种无偿的行政统辖关系，两

者之间不存在经济利益利害关系的纽带。⑥封闭性。行政方法依靠行政组织和行政机构，以行政区划和行政系统的条块为基础实施，具有系统的内化约束力，因而产生封闭性。

　　行政手段成为中国宏观调控体系的组成内容，其历史起点是传统计划经济时期的行政命令体制。新中国成立初期，由于国际国内形势所迫和经济发展任务的要求，政府选择了以提高政府资源动员能力、实现重工业优先发展为目的的计划经济体制，❶ 为了保障中央政府行政性命令和计划配置资源在全国畅通，中国实施了一系列的制度安排，其操作要点就是计划者与生产者之间的上下级关系。经过多年的制度建设，中国计划经济体制形成了以单位为节点的上下级体系，单位之间和单位内部形成了层级众多的连续的委托代理关系。例如，在工业部门实行全民所有制的工厂，层级的顺序自上而下分别为主管局、企业、车间、员工；在农村，集体所有制中农业部门的层级顺序自上而下分别为人民公社、生产大队、生产小队、社员。这些生产单位没有独立的利益目标，不会自负盈亏，当然也无法自主经营。他们的目标是完成上级布置的生产任务，这是计划部门产值目标的一部分；他们的任务就是服从上级的计划安排和行政命令，从事与国家建设目标完全一致的活动。所以，在计划经济条件下，中国几乎没有任何具有独立利益的组织，目标的一致性保障了计划和行政命令的畅通，保障了重工业发展所需资金和较快速度的发展，建立了比较完备独立的国民经济体系，为国家独立和主权完整奠定了必要的经济基础。但是，传统计划经济体制依靠行政命令维系经济系统运行的方式存在自身无法克服的矛盾。例如，计划者无法把握日益庞大的经济体的各种信息来源，在计划者具有资源掌控权、缺乏民主决策的条件下，决策的失误难以避免，在生产单位不必对经营成果担负责任的体制下，投资饥渴和投资效率低下同在，"短缺"成为与计划经济相伴相生的固有现象。在计划经济的上述弊端和新中国成立以后长期频繁的政治运动共同作用下，中国在经历了十年"文革"后，国民经济发展处于非常危险的境地。于是从1978年的中共十一届三中全会开始，中国开始改革开放和经济转型。中国经济转型的方向是社会主义市场经济体制，行政手段作为传统计划经济体制下政府管理经济的主要手段属于改革的对象，在

❶　林毅夫，等. 中国的奇迹：发展战略与经济改革 [M]. 上海：上海三联书店，1994：38.

市场在资源配置方面发挥基础性作用的背景下，经济手段应该成为政府管理经济的主要手段，行政手段应该逐步退出。但是，改革开放三十多年以来的多次宏观调控中，行政手段却一直没有退出，导致行政手段饱受理论界的质疑，甚至导致了理论界对于宏观调控本身的质疑，宏观调控被视为传统计划经济管理方式的复活。❶

在改革开放早期实施的那几轮宏观调控中，尽管行政手段在调控手段体系中占据了主要地位，但由于政府缺乏运用经济手段干预市场经济的经验，加之市场经济体制的不完善，经济性手段缺乏发挥效力的足够条件，因此理论界关于行政手段的质疑虽然一直不绝于耳，一直在呼吁政府职能的转变，但并没有表现得十分激烈。在 2003 年后开始的这一轮宏观调控中，由于这轮宏观调控的背景是中国已经加入世界贸易组织，党的十六大提出了社会主义市场经济体制已经基本建立的论断，中共十六届三中全会也做出了《关于完善社会主义市场经济体制若干问题的决定》。因此这轮宏观调控是在市场经济体制比较完备的基础上进行的，理论界普遍认为宏观调控中经济性手段应该在较大程度上发挥作用，行政性手段应该逐渐退出。但是，这一轮宏观调控过程中中央政府仍然声势浩大地运用了行政手段——这一轮宏观调控运用行政手段的高峰是对"铁本事件"的调查和处理，因而受到了理论界空前激烈的质疑。其中，更不乏激烈的批评意见："市场经济最本质的特点，是自由的、自主的交换，如果上面始终有行政力量在控制，如果强势政府强化到主导经济资源配量的程度，那就不叫市场经济，而叫权贵资本主义了……回顾 1990 年代初期，那时我们太天真了，以为只要市场经济发展起来，政府就会自动退出，就可以很平滑地过渡到自由市场经济了，不知道这里有一个路径依赖的问题。如果政府有很大的配置资源的权力、干预企业的权力，就会相应产生一个寻租空间。所以，你要政府退出它应该退出的领域，就触及许多官员的利益了，做起来就很难。后来的实践也证明了这一点。从近期看，2003 年第四季度经济开始出现过热，于是用行政手段加强'宏观调控'。就是开单子，哪几个行业过热，就用各种行政办法去'压缩产能'，这个单子越开越长，政府的手也越伸越长，宏观调控就变成了微观干预。本来 1990 年代最后几年政府审批有减少的趋势，虽然

---

❶ 刘瑞. 国民经济学 [M]. 北京：首都经济贸易大学出版社，2008：200.

减少得不够快，中间还有好多猫腻。比如，把一个项目分解成十个项目，然后就报告砍掉了多少个项目，其实没砍掉那么多，原来就有这样的问题。2003年以后，加强所谓'宏观调控'实际上是加强了审批制度，比原来的审批还要厉害，这就扩大了政府权力，扩大了寻租的基础，引起腐败的蔓延和贫富差距的扩大。"❶

在市场经济的大背景下，针对行政手段的这些质疑和批评无疑是合理的。因为行政性手段确实有太多的弊端，在市场经济体制下，应该是经济手段在宏观调控中发挥主要作用，而不是行政手段。行政手段是一种跳过市场机制的直接性调控，很难区别区域差异、部门差异、产业差异以及企业个体差异，有着"一刀切"的弊端，忽略了微观主体的自我调节，因此对微观经济的冲击是巨大的；并且，因为市场经济的复杂性以及决策者远离市场等原因，决策者对于宏观经济的判断可能出现失误，一旦调控方向选择错误，将使经济遭受严重后果。另外，随着我国改革开放的不断深入，市场机制不断完善，更多的企业、家庭等主体被逐渐构造成为具有自身利益追求和理性判断能力的微观市场经济行为主体。在这种情况下，运用行政手段调控经济主体的经济行为不可避免地将对相关利益主体的自身利益产生负面的影响，从而遭到微观行为主体的反对并引起理论界的批评、质疑。所以在实施宏观调控过程中，应小心谨慎地使用行政手段，避免大量、频繁使用行政手段而带来严重的消极后果。

但是，面对这些合理的批评意见，我们也应该看到，在社会主义初级阶段，在社会主义市场经济仍不完善的背景下，在中国所具有的特殊政治体制框架和经济体制框架下，行政性手段仍有其存在并发挥作用的土壤和空间。

相对于西方的市场经济国家，或者说成熟市场经济国家，在中国社会主义市场经济框架内，宏观调控涉及的利益主体更为多元化，包括中央政府、地方政府、国有企业、民营企业、外资企业和居民等。就某类利益主体而言，不同的宏观调控手段对其利益造成的影响是不同的。对于那些市场化程度较高的利益主体，经济手段在宏观调控中对其利益影响较大，市场化程度较低的利益主体，经济手段对其就不起作用。如前所述，中国的市场化转型是渐进式的，而中国的社会主义市场经济是政府主导的市场经济，政府特别是地方政府在中国

---

❶ 笑蜀. 中国还处在艰难转型中——吴敬琏访谈录［N］. 南方周末，2010－08－12：22.

经济增长过程中发挥了重要的作用。就地方政府而言，其对经济手段是相对不敏感的，而对行政手段是相对敏感的。改革开放后，在中央和地方政府分权的背景下，地方政府对企业的利益有事实上的影响力，导致了企业在地方政府的影响下也可能对经济手段不敏感。另外，与西方的市场经济国家不同的是，中国仍有为数不少的国有企业，而且这些国有企业控制了国民经济的命脉，对国民经济发展发挥着主导作用。显然国有企业和地方政府一样对经济手段也是相对不敏感的，而对行政手段是相对敏感的。

综上，在社会主义初级阶段，社会主义市场经济仍不完善的背景下，在中国所具有的特殊政治体制框架和经济体制框架下，行政性手段仍有其存在并发挥作用的土壤和空间，可以用以约束地方政府和国有企业的行为。当然，即使承认行政手段在某些场合奏效也不能认为宏观调控就是以行政手段为主。经济手段是市场经济条件下调节国民经济运行的基本方式。宏观调控本身就是一个市场经济范畴的概念，宏观调控行为实施的前提是市场机制起基础性配置资源作用。这是一个基本原则和发展方向，只有在紧急情况和特定场合下才有采用行政手段的必要，应用于宏观调控时必须严加控制，不能滥用，要防止形成依赖行政手段的路径依赖。这是因为：首先，运用行政性手段调控经济可能带来巨大的社会经济成本，因为在中央政府不可能掌握充分的市场信息的情况下，行政手段的力度是难以把握的。其次，针对具体企业的行政手段也有干涉微观主体权利的可能性。为了避免行政性手段的过分使用并提高效力，对行政性调控手段应该通过法律作专门的规范：一是严格该手段的决策程序；二是严格规范该手段的应用边界；三是提高对违背宏观调控行为的惩戒力度。这样，虽然未必能完全扭转当前地方政府官员对于热衷眼前利益的路径依赖，但是至少能够增加地方政府对抗中央宏观调控的政治成本。

4.2.5 围绕宏观调控建立一个跨中央地方、跨部门的协调机构，最大限度形成宏观调控共识

前文提到，在宏观调控过程中存在中央政府政出多门、多只"看得见的手"共舞的情况。针对这一问题，中共中央、国务院以及中央政府各部门和地方政府应该通过充分协调形成宏观调控政策取向的共识。为达成共识，应建立一种清晰界定、协调中央与地方权力的正式制度，以避免频繁发生中央与地

方以及地方与地方之间的纠纷。历史经验证明，如果事先存在一种广泛认可的决策程序，则纠纷能够更平和地加以解决。毛泽东在《论十大关系》中就强调了达成共识对于处理中央地方关系的重要性："我们要提倡同地方商量办事的作风。党中央办事，总是同地方商量，不同地方商量从来不冒下命令。在这方面，希望中央各部好好注意，凡是同地方有关的事情，都要先同地方商量，商量好了再下命令。"2013 年，国务院先后批准了金融监管部际联席会议制度以及由发改委牵头、35 个部委办参与，致力于经济体制改革工作的部级联席会议制度。这是一个很有意义的制度创新，未来，可以探索建立围绕宏观调控的中央和地方联席会议制度。在这个联席会议上，赋予地方充分表达意见和陈述理由的权利，通过充分协调形成宏观调控政策取向的共识，同时建立反馈机制和再决策机制。中央下达的各项调控指标和措施与地方实际情况确有偏差时，应该赋予地方在中央政策下达前或执行中反馈意见的权利，中央可根据地方具体实际情况调整其政策、指标，或允许地方在适当范围内对其进行更改。

进一步，在达成共识的基础上，应将宏观调控政策和措施的商议、决策机制法治化，确定宏观调控决策的法律地位。要追究地方官员擅自违规变更、对抗中央宏观调控措施的责任，防止宏观调控成为"空调"，只是"纸上画画、嘴上说说"，保证国家宏观调控目标的实现。

中共十八届三中全会提出要构建国家治理体系，强调"科学的宏观调控，有效的政府治理，是发挥社会主义市场经济体制优势的内在要求。必须切实转变政府职能，深化行政体制改革，创新行政管理方式，增强政府公信力和执行力，建设法治政府和服务型政府"。宏观调控中的中央地方关系治理当然是国家治理体系的重要组成部分，围绕宏观调控的中央地方之间、部门之间的协调、决策、反馈与再决策的制度安排设计应该提上日程。

4.2.6 充分发挥干部教育体系的作用，从中央到地方促进宏观调控共识的理解和深化

以党校系统和行政学院系统为主体的干部教育体系是中国培养干部的主渠道和主阵地，是传播和加强政府治理共识的重要渠道，也是国家治理体系的重要组成部分。长期观察中国政治的美国学者沈大伟在《中国共产党：收缩与调适》一书中提到一个重要观点：中共成功的重要经验之一，就是发挥了以

党校系统为代表的干部教育体系的作用。沈大伟认为，中国共产党的干部教育体系是重要的组织设计，是提高党政军部门执政能力的重要方式，使得党的意识形态和新政策得以传达。❶ 在西方研究者视野中，干部教育体系都颇受重视。因此，在构建中国特色国家治理体系的过程中，我们更没有理由忽视干部教育体系的作用。在促进宏观调控共识的理解和扩大方面，我们更应该充分发挥干部教育体系的作用，将宏观经济形势和国家宏观调控的主要政策在各级干部教育课堂上进行深入讨论，从中央到地方促进宏观调控共识的理解和扩大。

在当前的制度安排下，承担和发挥上述作用是干部教育体系的分内之事和重要职能。《中国共产党党校工作条例》第四条规定："党校教育的总体要求是，围绕党和国家工作大局，按照实事求是、与时俱进、艰苦奋斗、执政为民的要求，尊重和研究干部成长规律和党校教育规律，针对干部成长的特点和需求，以马克思主义理论特别是中国特色社会主义理论体系为主课，培养忠诚于中国特色社会主义事业、德才兼备的党员领导干部和理论干部。"这其中的"围绕党和国家工作大局"，自然应该包括宏观调控的政策精神。《中国共产党党校工作条例》第六条规定："围绕党校教育的目标要求，提高学员以下 5 个方面的素质和能力：（一）掌握马克思主义的立场、观点、方法，具有履行职责所需的马克思主义理论水平；（二）具有共产主义远大理想，坚定不移地走中国特色社会主义道路，始终同党中央保持一致；（三）坚持解放思想、实事求是、与时俱进，树立大局意识，注重调查研究，善于分析解决改革发展中的重大问题；（四）坚持全心全意为人民服务的根本宗旨，增强立党为公、执政为民的意识，严于律己，言行一致，艰苦奋斗，清正廉洁；（五）有强烈的事业心和责任感，具备胜任本职工作所需的基本知识和领导能力。"这其中的"始终同党中央保持一致""树立大局意识"等也应该包括宏观调控的政策精神。不仅如此，干部教育体系举办的各类培训班，事实上就是各部门和各地方领导干部参加的一种"联席会议"。例如，中共中央党校和国家行政学院举办的省部级领导干部进修班，其学员都是中央各部委和各省市区领导干部参加培训的班次。党和国家领导人也会在开班和结业时与学员会面、座谈和交流，这类班次就是某种意义上的"联席会议"，应该将其效用充分发挥出来。具体操

---

❶ 沈大伟. 中国共产党：收缩与调适［M］. 北京：中央编译出版社，2011：204～215.

作方法，首先就是要将宏观经济形势、国家宏观调控的主要取向、各地方的实际情况等内容列入各级干部教育机构，特别是中共中央党校、国家行政学院，和各级省级党校、行政学院以及副省级城市党校、行政学院的干部教育课程当中，在授课和研讨两个环节中针对宏观经济形势和国家宏观调控政策取向进行深入交流。如果主管宏观调控的中央领导同志和部门领导能够在中央党校和国家行政学院的平台就国家宏观调控政策取向与来自地方的省市区的学员进行沟通和探讨，其效果应当是值得期待的。其次，中共中央党校和国家行政学院应该在干部教育课程设置、内容安排等方面和各级地方党校、行政学院进行充分沟通，并给予针对性指导。

本章小结

本章从基本理念和具体对策两个层面，就当前治理宏观调控中的中央地方博弈问题，实现地方政府经济调节与国家宏观调控统筹协调提出了建议。本书认为，地方政府经济调节与国家宏观调控统筹协调是社会主义市场经济发展过程中出现的新现象、新问题，因此理念层面上要重视和加强针对中国经济转型现实的理论研究和经验总结，要充分发挥中央和地方两个积极性。在具体对策方面，本书提出六个方面的建议：一是真正调整领导干部政绩考核指标；二是国家发展战略的适度优化调整；三是财政税收体制的改革完善；四是进一步完善宏观调控体系，同时发挥经济手段和行政性手段的作用；五是围绕宏观调控建立一个跨中央地方、跨部门的协调机构，最大限度形成宏观调控共识；六是充分发挥干部教育体系的作用，从中央到地方促进宏观调控共识的理解和深化。

结束语

自 1978 年以来，中国的国民经济发展进程经历了七轮宏观调控。尽管调控的成效由于受到彼时彼地的条件制约而有得有失，但在理论界对宏观调控得失原因的探讨中，很多人将宏观调控不得力的原因归因于地方政府，认为地方政府缺乏"大局观念"，对中央政府的政策不积极配合，甚至逆向行动，导致宏观经济调控政策效果不理想。特别是在 2003 年的那一轮宏观调控中，地方政府更是成为众矢之的。许多人倾向于认为，地方政府的投资冲动不但是造成本轮经济过热的主要原因，而且地方政府对宏观调控的抵制和博弈是导致宏观调控效果不佳的根本原因。基于这样的认识，理论界甚至形成了地方博弈中央的研究模型，将宏观调控进程中中央政府的宏观调控与地方政府经济调节置于对立的地位。

但是，对于宏观调控这个集决策、执行、监督、反馈等多个环节的，涉及多元化利益主体的复杂过程，我们不能简单地用"大局观念"等模糊概念来处理中央政府与地方政府在宏观调控领域的"博弈"。我们必须谨慎地对待以下问题：在宏观调控中，中央政府和地方政府只有对立关系而无分工合作关系吗？地方政府对宏观调控的态度只有抵制或者博弈而没有积极响应吗？到底是谁在抵制宏观调控政策？如果地方政府的行为影响了宏观调控的效果，那么地方政府为什么要抵制和博弈乃至扭曲宏观调控政策？我们如何在宏观调控中合理地处理中央与地方关系，实现地方政府经济调节和国家宏观调控的统筹协调？本书尝试着对这些问题进行探讨和解答。

本书认为，随着中国从传统的计划经济体制向社会主义市场经济体制的转型，中国政府的国民经济管理行为也从运用计划手段全面控制经济运行向基于市场机制的宏观调控转变。市场经济的核心精神是分权和竞争，因此在逐步形成的社会主义市场经济体制框架内，中国中央政府和地方政府逐渐具有了相对独立的利益和目标。中国中央政府承担着引领国民经济发展并进行宏观调控的职责，而地方政府则承担着引领地区经济发展并配合中央政府做好国民经济管理工作的职责。在以经济建设为中心的时代背景下，经济发展绩效成为中央考核地方政府绩效的主要指标，同时由于以分税制为核心的财政分权体制的改革，地方政府的利益和地方经济的发展关系日益密切。这两项具体的制度安排激励了地方政府招商引资、扩大投资的热情。于是，以控制、治理经济过热为目标的紧缩性宏观调控政策和地方政府的发展愿望出现了矛盾，使得后者产生了博弈的动机。在目前的制度安排下，一些因博弈中央宏观调控政策而受到处罚的典型个体仅仅受到轻微的处罚，同时又有更多因经济增长绩效良好而得到提拔重用的典型个体出现而形成了强烈的示范效应。这导致与宏观调控政策进行博弈成为普遍的现象，地方政府纷纷运用手中的权力和影响力去获取土地和资金，大干快上地搞开发区建设、招商引资，从而加剧了经济过热的局面。

由此，本书构建了一个紧缩性宏观调控中地方政府博弈中央政策的理论逻辑模型。这一理论逻辑模型说明，地方政府的经济调节行为与国家宏观调控并非天然不协调。在扩张性的宏观调控过程中，两者是相得益彰。在紧缩性的宏观调控中，地方政府经济调节行为发生断裂，对中央的宏观调控采取博弈而不是合作的行为并非是缺乏大局观念的产物，而是当前制度安排下制度供给导致的必然产物。如果不对现行的制度安排进行改革，那么对地方政府博弈中央政府宏观调控政策的激励和动力就仍然存在。未来某个时期实施的紧缩性宏观调控政策仍然不会有效，中国经济仍将面临局部经济过热进而整体过热的考验，进而面临重复建设、产能过剩的考验。既然是制度供给不足决定了地方政府行为的取向，那么继续加大调控力度就只能是扬汤止沸，要根本解决问题就必须釜底抽薪，对制度安排进行彻底地改革，使地方政府彻底转变职能，回归市场经济体制框架内公共产品和公共服务供给者的轨道。但是，中国作为政府主导型的社会主义市场经济国家，赶超战略在一个相当长的历史时期内仍然是中国经济社会发展的主导战略。在这样的背景下，政府作为经济增长的重要推手，其作用在短期内是其他经济成分无法替代的。因此，对制度安排进行彻底改革的愿望在短期内是不现实的——彻底的改革将可能导致经济增长的乏力，进而影响到赶超目标的完成。这事实上意味着宏观调控中的中央和地方博弈问题进入了一种"两难困局"。这一困局是由中国经济发展的阶段性特征所决定的。经济基础决定上层建筑，要完全走出这个困局，需要中国经济转型的完成和中国经济发展赶超任务的全面完成。本书认为，地方政府经济调节与国家宏观调控统筹协调是社会主义市场经济发展过程中出现的新现象、新问题，因此理念层面上要重视和加强针对中国经济转型现实的理论研究和经验总结，要充分发挥中央和地方两个积极性。在具体对策方面，本书提出了六个方面的建议：一是真正调整领导干部政绩考核指标；二是国家发展战略的适度优化调整；三是财政税收体制的改革完善；四是进一步完善宏观调控体系，同时发挥经济性手段和行政性手段的作用；五是围绕宏观调控建立一个跨中央地方、跨部门的协调机构，最大限度形成宏观调控共识；六是充分发挥干部教育体系的作用，从中央到地方促进宏观调控共识的理解和深化。

在上述观点和相关分析的基础上，本书的主要研究成果可概括为三个历史基点、一个概念分析框架、一个理论模型、若干政策建议。

（1）三个历史基点。理解中国的中央地方关系问题，进而理解地方政府经济调节与国家宏观调控的统筹协调问题，必须建立在三个历史基点上：一个是历史前提，一个是大国效应，一个是发展的视角。这是理解地方政府经济调节与国家宏观调控之间关系的理性支点。所谓历史前提，即走向统一、维护统一是中国历史的主流，国家统一是最大的国家利益。所谓大国效应，即中国之大、问题之多，不可能由中央政府"一刀切"地解决，必须在集权的历史传统基础上，发挥好中央和地方两个积极性，实现集权与分权的统筹协调。在集权与分权的考量中，维护国家的统一和中央的权威是底线和边界。不论如何分权，都不能突破这个边界和底线。所谓发展的视角，即地方政府经济调节与国家宏观调控的统筹协调问题是中央地方关系问题在中国经济转型中出现的新鲜事物，既要充分观察问题的"新"，也要从历史前提出发。

（2）一个概念分析框架。是指对宏观调控的概念给予了明确界定，构建了一个关于宏观调控概念的理论框架，并将宏观调控作为观察中央地方关系的一个视角。本书讨论的命题是地方政府在宏观调控中与中央的博弈，但对于宏观调控这样一个重要的概念，理论界并没有认真地给予界定。本书认为，宏观调控是政府对市场经济的中国式干预：第一，宏观调控是改革开放后在中国经济市场化转型的过程中出现的经济现象，是中国经济特有的现象。因此，宏观调控作为一个经济学概念是具有中国特色的社会主义市场经济建设实践的理论产物，是在回应中国自 1978 年开始的面向社会主义市场经济改革开放实践中产生出来的问题时提出来的概念，是一个基于中国经济的现实，在现代经济理论指导下形成的具有中国特色的经济学概念。第二，宏观调控是中国政府根据对国民经济运行形势的基本判断，审时度势而采取的强力干预市场经济运行的特殊行动，因此在理论上宏观调控属于政府干预市场经济运行的范畴，属于政府和市场经济关系的研究范畴。但是，宏观调控是中国经济转型过程中，政府针对出现的一些新问题而采取的干预行动，这些新问题是计划经济时期所未有的，也是西方国家市场经济实践中没有的。因此，宏观调控是政府对市场经济的一种中国式干预，是中国特色的国民经济管理行为。第三，经过长期的探索和实践，宏观调控形成了一元化的调控主体—二元化的调控任务—多元化的手段体系这三位一体的操作—功能框架。所谓一元化调控的主体，是指宏观调控的主体是中央政府，地方政府的经济管理权限仅限于管理调节地方经济的发展。所谓二元化的调控任务，是指宏观调控的任务既包括总量调节，也包括结构调整。所谓多元化的手段体系，是指宏观调控的手段包括经济手段、法律手段和行政手段等其他必要的手段。

需要指出的是，由于理论界在宏观调控概念上的分歧和争论，使得关于宏观调控概念理论分析框架的构建从本书研究的一个副产品变成主要产品，成为本书的一个重要成果。

（3）一个理论模型。本书构建了一个紧缩性宏观调控中，地方政府博弈中央政策的理论逻辑模型。这一理论逻辑模型说明：地方政府的经济调节行为与国家宏观调控并非天然不协调，在扩张性的宏观调控过程中，两者是相得益彰的；在紧缩性的宏观调控中，地方政府经济调节行为发生断裂，对中央的宏观调控采取博弈而不是合作的行为并非是缺乏大局观念的产物，而是当前制度安排下制度供给导致的必然产物。

（4）若干政策建议。本书提出了实现地方政府经济调节和国家宏观调控统筹协调的六个建议：一是真正调整领导干部政绩考核指标；二是国家发展战略的适度优化调整；三是财政税收体制的改革完善；四是进一步完善宏观调控体系，同时发挥经济手段和行政性手段的作用；五是围绕宏观调控建立一个跨中央地方、跨部门的协调机构，最大限度形成宏观调控共识；六是充分发挥干部教育体系的作用,从中央到地方促进宏观调控共识的理解和深化。

最后需要指出的是,研究中国的中央地方问题,探讨在社会主义市场经济背景下实现地方政府经济调节和国家宏观调控统筹协调的内在逻辑、路径和政策方法,需要深厚的历史感和宽广的学术视野和学术功力,以及对现实政治经济生活的敏感。笔者的能力显然与如是要求有差距,因此本书的积累和思考是不够的,许多观点和论述的逻辑也存在不足,未能提出更具有战略性也更为有效的治理方案和措施。在未来的研究中,笔者将就相关问题继续求索。

参考文献

［1］ 马克思. 资本论（第1卷）［M］. 北京：人民出版社，1975.

［2］ 毛泽东. 毛泽东文集（第6卷）［M］. 北京：人民出版社，1999.

［3］ 毛泽东. 建国以来毛泽东文稿（第12册）［M］. 北京：中央文献出版社，1998.

［4］ 毛泽东. 毛泽东著作选读（下册）［M］. 北京：人民出版社，1986.

［5］ 邓小平文选（第1卷）［M］. 北京：人民出版社，1994.

［6］ 邓小平文选（第2卷）［M］. 北京：人民出版社，1994.

［7］ 邓小平文选（第3卷）［M］. 北京：人民出版社，1993.

［8］ 中共中央文献研究室. 十三大以来重要文献选编（上）［G］. 北京：人民出版社，1991.

［9］ 中共中央文献研究室. 周恩来年谱（1949～1976）（上卷）［M］. 北京：中央文献出版社，1998.

［10］ 王亚南. 中国官僚政治研究［M］. 北京：中国社会科学出版社，1981.

［11］ 钱穆. 中国历代政治得失［M］. 北京：生活·读书·新知三联书店，2001.

［12］ 刘亚平. 当代中国地方政府间竞争［M］. 北京：社会科学文献出版社，2007.

［13］ 曾伟，罗辉. 地方政府管理学［M］. 北京：北京大学出版社，2006.

［14］ 刘瑞. 国民经济学［M］. 北京：首都经济贸易大学出版社，2009.

［15］ 张宇. 中国模式：改革开放30年以来的中国经济［M］. 北京：中国经济出版社，2008.

［16］ 庞海云，等. 中国政治制度史［M］. 哈尔滨：哈尔滨工程大学出版社，2013.

［17］ 吴宗国. 中国古代官僚政治制度研究［M］. 北京：北京大学出版社，2004.

［18］ 辛向阳. 大国诸侯——中国中央与地方关系之结［M］. 北京：中国社会出版社，2008.

［19］ 金太军. 中央与地方政府关系建构与调谐［M］. 广州：广东人民出版社，2005.

［20］杨庆育. 省级宏观调控：新视角、新思路［M］. 重庆：重庆大学出版社，2005.

［21］徐矛. 中华民国政治制度史［M］. 上海：上海人民出版社，1992.

［22］林毅夫，蔡昉，李周. 中国的奇迹：发展战略与经济改革（增订版）［M］. 上海：
上海三联书店，上海人民出版社，1999.

［23］林毅夫，等. 财产权利和制度变迁——产权学派和新制度学派译文集［M］. 上海：
上海三联书店，1991.

［24］李宗植. 中华人民共和国经济史：1949～1999［M］. 兰州：兰州大学出版社，1999.

［25］钟契夫. 资源配置方式研究——历史的考察和理论的探索［M］. 北京：中国物价出
版社，2000.

［26］汪海波. 新中国工业经济史［M］. 北京：经济科学出版社，1994.

［27］胡书东. 经济发展中的中央与地方关系——中国财政制度变迁研究［M］. 北京：上
海三联书店，上海人民出版社，2001.

［28］孙隆基. 中国文化的深层结构［M］. 桂林：广西师范大学出版社，2004.

［29］葛剑雄. 统一与分裂：中国历史的启示［M］. 北京：商务印书馆，2013.

［30］周黎安. 转型中的地方政府：官员激励与治理［M］. 上海：格致出版社，上海人民
出版社，2008.

［31］财政部综合计划司. 中国财政统计（1950～1991）［M］. 北京：科学出版社，1992.

［32］国家统计局国民经济综合统计司. 新中国50年统计资料汇编［M］. 北京：中国统计
出版社，1999.

［33］中央财经领导小组办公室. 中国经济发展五十年大事记（1949.10～1999.10）［M］.
北京：人民出版社，1999.

［34］国家统计局. 中国统计年鉴1983［M］. 北京：中国统计出版社，1984.

［35］董辅礽. 中华人民共和国经济史（上卷）［M］. 北京：经济科学出版社，1999.

［36］赵德馨. 中华人民共和国经济史（1949～1966）［M］. 郑州：河南人民出版
社，1989.

［37］赵德馨. 中国近现代经济史（1949～1991）［M］. 郑州：河南人民出版社，2003.

［38］国民经济研究所. 中国市场化指数——各地区市场化相对进程2004年度报告［M］.
北京：经济科学出版社，2004.

［39］北京师范大学经济与资源管理研究所. 2003年中国市场经济发展报告［M］. 北京：
中国对外经济贸易出版社，2003.

［40］徐寿松. 铁本调查：一个民间钢铁王国的死亡报告［M］. 广州：南方日报出版
社，2005.

［41］欧阳日辉．宏观调控中的中央和地方关系［M］．北京：中国财政经济出版社，2008．

［42］张可云．区域大战与区域经济关系［M］．北京：民主与建设出版社，2001．

［43］舒庆，周克瑜．从封闭走向开放：中国行政区经济透视［M］．上海：华东师范大学出版社，2003．

［44］陆学艺．当代中国社会阶层研究报告［M］．北京：社会科学文献出版社，2002．

［45］厉以宁．宏观经济学的产生和发展［M］．长沙：湖南出版社，1997．

［46］刘智峰．第七次革命［M］．北京：经济日报出版社，1998．

［47］邓安庆，邓名瑛．文化建设论［M］．长沙：湖南人民出版社，1998．

［48］吴承明．中国传统社会经济与现代化［M］．广州：广东人民出版社，2001．

［49］韩康．中国宏观调控三十年——纪念中国改革开放三十周年文集［M］．北京：国家行政学院出版社，2008．

［50］刘树成．中国经济的周期波动与宏观调控［M］．北京：中国社会科学文献出版社，2005．

［51］王静．转型经济中的宏观调控：基于实践的探索和反思［M］．上海：上海三联书店，2008．

［52］王云帆．长三角大悬念［M］．杭州：浙江人民出版社，2008．

［53］熊彼特．经济分析史（第一卷）［M］．北京：商务印书馆，2001．

［54］萨缪尔森，诺德豪斯．经济学（第14版）［M］．北京：北京经济学院出版社，1996．

［55］格罗塞尔，等．德意志联邦共和国经济政策及实践［M］．上海：上海翻译出版公司，1992．

［56］莫里斯·博恩斯坦．东西方的经济计划［M］．北京：商务印书馆，1981．

［57］百百和．经济计划论［M］．西安：陕西人民出版社，1986．

［58］兰格．社会主义经济理论［M］．北京：中国社会科学出版社，1981．

［59］纽伯特．比较经济体制［M］．北京：商务印书馆，1984．

［60］赫·西蒙．人工科学［M］．北京：商务印书馆，1987．

［61］刘易斯．发展计划［M］．北京：北京经济学院出版社，1991．

［62］劳文．计划时代［M］．北京：商务印书馆，1959．

［63］詹姆斯·布坎南．自由市场和国家［M］．北京：北京经济学院出版社，1988．

［64］丁伯根．经济政策：原理与设计［M］．北京：商务印书馆，1988．

［65］道格拉斯·诺思．经济史中的结构与变迁［M］．上海：上海三联书店，上海人民出版社，1994．

［66］托马斯·库恩．科学革命的结构［M］．北京：北京大学出版社，2003．

［67］泰勒．原始文化［M］．上海：上海文艺出版社，1992．

［68］克利福德·格尔茨．文化的解释［M］．北京：译林出版社，1999．

［69］凡勃仑．有闲阶级论［M］．北京：商务印书馆，1964．

［70］刘易斯．二元经济论［M］．北京：北京经济学院出版社，1989．

［71］丹尼尔·贝尔．后工业社会的来临［M］．上海：上海商务印书馆，1984．

［72］沈大伟．中国共产党：收缩与调适［M］．北京：中央编译出版社，2011．

［73］乔·史蒂文斯．集体选择经济学［M］．上海：上海三联书店，上海人民出版社，1999．

［74］NISKANEN WILLIAM A. Bureaucracy of Representative Government［M］. Chicago：Aldine – Atherton. Inc，1971．

［75］齐建国．2005～2006年宏观经济调控政策分析——兼对中央政府和地方政府关系的思考［J］．学习与探索，2007（1）．

［76］崔建周．加强宏观调控 抑制地方保护主义［J］．理论探索，2007（5）．

［77］武少俊．2003～2004年宏观调控：地方与中央的博弈［J］．金融研究，2004（9）．

［78］刘瑞．宏观调控的定位、依据、主客体关系及法理基础［J］．经济理论与经济管理，2006（5）．

［79］周天勇，等．"十一五"及今后一个时期调整和理顺中央与地方关系的改革思路［J］．经济研究参考，2007（15）．

［80］张永生．政府间事权与财权如何划分［J］．经济社会体制比较，2008（2）．

［81］高勇．省级宏观调控初探［J］．经济学家，1993（1）．

［82］郑生权．省级宏观调控的概念、对象、原则和特征［J］．经济问题探索，1992（3）．

［83］姚洋．经济学的科学主义谬误［J］．读书，2006（12）．

［84］曹学恩．民国时期中央与地方关系探析［J］．西安外国语学院学报，2000（2）．

［85］马思宇．爱恨交加的"帝国主义"［J］．读书，2014（1）．

［86］任志江．大跃进时期中央与地方关系变迁——经济发展战略角度的研究［J］．中国经济史研究，2006（1）．

［87］张军．中央与地方关系：一个演进的理论［J］．学习与探索，1996（3）．

［88］黄世楚，李彬．近年来中央与地方关系研究综述［J］．湖北大学学报：哲学社会科学版，2001（2）．

［89］金太军，汪波．经济转型与我国中央与地方关系制度变迁［J］．管理世界，2003（6）．

［90］李仙．中央与地方政府职能划分及对经济发展的影响［J］．经济研究参考，2005（29）．

［91］杨瑞龙．我国制度变迁方式转换的三阶段论［J］．经济研究，1998（1）．

［92］郑永年，王旭．论中央地方关系中的集权和民主问题［J］．战略与管理，2001（3）.

［93］杨小云．论新中国建立以来中国共产党处理中央与地方关系的历史经验［J］．政治学研究，2001（2）.

［94］胡书东．加入WTO对中国中央与地方财政关系的影响［J］．世界经济，2002（3）.

［95］王绍光．分权的底线［J］．战略与管理，1995（2）.

［96］杨瑞龙，杨其静．阶梯式的渐进制度变迁模型——再论地方政府在我国制度变迁中的作用［J］．经济研究，2000（3）.

［97］王国生．过渡时期地方政府与中央政府的纵向博弈及其经济效应［J］．南京大学学报，2001（1）.

［98］庞明川．中央与地方政府间博弈的形成机理及其演进［J］．财经问题研究，2004（12）.

［99］常春凤．改革开放三十年：中国经济波动与宏观调控的回顾与反思［J］．经济学家，2009（2）.

［100］张培刚．经济发展与二元经济的改造［J］．求是学刊，1997（2）.

［101］刘瑞．中国经济的转型与定型［J］．中国人民大学学报，2004（5）.

［102］卢中原．胡鞍钢市场化改革对我国经济运行的影响［J］．经济研究，1993（12）.

［103］国家计委市场与价格经济所课题组．我国经济市场化程度的判断［J］．宏观经济管理，1996（2）.

［104］顾海兵．中国经济市场化程度的最新估计与预测［J］．管理世界，1997（2）.

［105］张晓晶．中国市场化进程：现状分析与未来预测［J］．管理世界，2004（3）.

［106］杨帆．改革开放以来我国宏观调控的历史比较［J］．河海大学学报：哲学社会科学版，2006（4）.

［107］刘瑞．社会主义经济分析中没有"经济人"的位置［J］．中国人民大学学报，1997（1）.

［108］周黎安．晋升博弈中政府官员的激励与合作——兼论我国地方保护主义和重复建设问题长期存在的原因［J］．经济研究，2004（6）.

［109］杨瑞龙．我国制度变迁方式转换的三阶段论［J］．经济研究，1998（1）.

［110］董在平．经济转轨、财政分权与预算软约束［J］．审计与经济研究，2007（4）.

［111］中国土地政策改革课题组．土地解密：土地财政与地方政府［J］．财经，2006（4）.

［112］辛向阳．十六大以来中央与地方关系的"三个新"：新变化、新问题与新对策［EB/OL］．人民网．http：//theory. people. com. cn/GB/49150/49152/4424371. html.

［113］项怀诚．1998年为什么要实施积极的财政政策［EB/OL］．人民网．http：//www. people. com. cn/GB/jinji/31/179/20010905/552492. html.

[114] 182 个中国城市梦断"国际化大都市"[EB/OL]. 新浪财经网. http://finance. sina. com. cn/roll/20031121/1705530161. shtml.

[115] 中国(海南)改革发展研究院. 改革攻坚的进程与建议[EB/OL]. 新浪财经网. http://www. chinareform. org. cn/cirdbbs/dispbbs. asp? boardID = 2&ID = 60604.

[116] 陈宗盛. 我国经济市场化程度达到60% [N]. 证券时报, 1999 - 8 - 3.

[117] 李江涛. 固定资产投资增长调控的两难困境——兼论"产能过剩"治理的基点 [N]. 中国经济时报, 2006 - 8 - 28.

[118] 吴亮. 警惕推动重复建设的"隐性之手"[N]. 经济日报, 2004 - 4 - 21.

[119] 牛建宏. 182 座城市提出要建国际化大都市 [N]. 中国建设报, 2003 - 12 - 19.

[120] 王小乔. 四万亿冲刺 [N]. 南方周末, 2008 - 11 - 20.

[121] 笑蜀. 中国还处在艰难转型中——吴敬琏访谈录 [N]. 南方周末, 2010 - 8 - 12.

[122] 吴亮. 警惕推动重复建设的"隐性之手"[N]. 经济日报, 2004 - 4 - 21.

后 记

本书系我承担的北京市社科基金"十一五"规划项目《地方政府经济调节与国家调控统筹协调研究》（项目编号：10BeJG381）的最终研究成果。这是我承担的第一个省部级社会科学研究项目的最终研究成果，也是我继博士论文出版后独立出版的第二部学术专著。虽然本书水平极为有限，但本书所耗的心力却几乎使我累倒。在写作过程中，我曾难以为继，也曾想过要放弃。从2010年8月课题立项，到获准结项时已经将近4年，本书的写作时间超出了原计划的结项时间节点一年之多。在本书即将付梓之际，回顾四度春华、四度秋凉，想起这期间所经历的生活波折，以及生活波折所带来的彷徨四顾、心乱如麻与不知所措，到最终安抚内心、掌控内心后的聚气凝神，不禁感慨人生不易，在人生的夜航船上治学尤为不易。

求学治学的航程无疑是"路漫漫其修远兮，吾将上下而求索"，求索者在苦行中必须有明确的方向和坚定的心志。唯有明确的方向，才能经受住来自各方面的袭扰和诱惑，始终知道可为与不可为，将有限的心力和能力一点一点化作前进的基石；唯有坚定的心志，才能经受住来自各方面的挫折和打击，坚韧而执着地沿着既定的方向走下去，做下去。

能够拥有明确的方向感和坚定的心志，我要感谢来自家族的血脉和从小受到的家庭教育。我的祖父是毕业于20世纪40年代初的大学生，所学专业是河道工程。大学毕业后，他拒绝了国民党政府的高薪技术岗位，冲破封锁线到解放区参加了革命，是参与新中国水利事业奠基的老一代水利工作者。不论是在艰苦卓绝的革命战争岁月，还是在波澜壮阔的新中国水利事业建设过程中，甚至是在风雨无情的文化大革命中，他老人家都坚守了学术原则和实践检验真理的标准，坚持了严以做事、宽以待人的人生信条。祖父坚持真理的精神操守和人格魅力一直是我仰望和学习的目标。因时代的风云际会和祖父所受冲击，20世纪 60 年代中期，我们举家从北京城迁移到了山东省德州市这个鲁北小城，而父亲也没能圆自己的大学梦而在工厂里成为了一名响当当的钳工。父亲并没有放弃自己的追求，一直坚持业余写作，可谓笔耕不辍，到今天已经有百万字的作品。我的母亲是一位美丽温柔、吃苦耐劳、坚忍不拔的山东女性，虽然出身乡村，却也是县城重点中学的学习尖子。母亲因为"十年动乱"中高考的取消而大学梦碎，1977 年恢复高考后又因受我的拖累放弃了参加高考，但母亲的学习愿望从未减退。经过艰苦的自学，她在照顾好家庭的同时，完成了会计专业的中专学业，成为所在单位的主管会计。正是我的家族给了我善良正直的家族血脉，给了我良好的家庭教育。我清晰记得祖父在我三岁时，在一个夏日的夜晚教给我的两首诗。一首诗是"锄禾日当午，汗滴禾下土。谁知盘中餐，粒粒皆辛苦"。另一首诗是"慈母手中线，游子身上衣。临行密密缝，意恐迟迟归"。祖父说，一个人能够知道爱惜粮食，知道父母慈爱，就不会是一个恶人。这两首诗伴我一直走到今天，我一直坚守这样的信条：虽然未必是一个好人，但绝不会去做恶人。

能够拥有明确的方向感和坚定的心志，我要感谢来自人生路上各方面的鼓励和鞭策。感谢我的硕士研究生导师王树林教授和师母王学莉女士，在我攻读硕士学位期间，二老给了我严父慈母般的关怀和教诲。王老师"踏踏实实做人，扎扎实实做学问"的教诲使我时刻提醒自己；在我的生活和学术之路上，我始终牢记着这两句话。感谢我的博士研究生导师刘瑞教授，在中国人民大学经济学院攻读博士学位期间，刘瑞教授指导我参与了他主持的各类课题，提高了我的科研能力和学术素养，拓宽了我的学术视野，而本课题的选题就来自于参与刘瑞教授主持的国家社科基金重大项目时的启示。感谢我的博士后合作导师何盛明教授，何老师的认可给了我极大的鼓励。感谢身边的朋友们，感谢林晖研究员、孙国梁研究员、王静教授、李小彤研究员，感谢崔建周教授、张忠友研究员。大家一起讨论学术问题，也在一起分享各种思想闪光，更在我彷徨失措之时给我最大的支持，给我很多思想启迪。感谢中共北京市委党校篮球队的众队友们——于涛、陈晨、徐智勇、廉天、王靖、郑建纲、蔡荣江、丁保河、白帆、王晓冰……在那段心碎不已、心痛难当的日子里，篮球给了我最多的快乐，甚至是我唯一的快乐来源。没有篮球的调剂，我想我一定无法完成课题的研究工作。"无兄弟、不篮球!"感谢兄弟们在球场上对我的照顾和宽容,让我享受到团队篮球和个人突破的写意与快乐。

感谢北京市社科基金的立项和经费支持,感谢中共北京市委党校为本书的出版提供了经费资助,感谢中共北京市委党校科研处鄂振辉处长、方伯平调研员、孙艳霞副处长、陈芳副处长和秦兰茹、周永亮、张书连、王玲玲、董成喜、林婧等一众兄弟姐妹的督促与鞭策!衷心祝愿北京市社科基金在扶持社科研究事业和辅助学人特别是青年学人成长方面有更多建树,衷心祝愿中共北京市委党校的科研事业更上层楼!

本书能够顺利出版,要感谢知识产权出版社的江宜玲女士。江宜玲女士不仅是本书的责任编辑,为本书的出版做了大量工作,更是我的好友,一起分享了许多关于求学治学、做人做事的心得体会。

感谢并祝福所有善良的人们!愿大家安好!

张勇

2014 年 7 月于北京车公庄三塔寺